"EL EVANGELIO DE

CHUCK"

DEDICADO A MINHA ESPOSA PATRICIA HOJE COMO SIEMPRE...HEHE!!!!!
28-09-2012 CAL.GREG.
"AHORA SI" DESDE RS BRASIL TO WHOLE PLANET AND WHOLE UNIVERSE.
HE ESTADO PERFECCIONANDO MI "ARTE" DURANTE ESTOS AÑOS.Y ERA
PARA ESTE MOMENTO...NUEVOS NIVELES ...HUHUAHUAHA!!!..HEHE!!!

*"Asi que continuo escribiendo,algunos me pueden tachar de
arrogante,puede que sea asi lo sea,ya que los que me aman me
aman,precisamente por eso,y los que me odian...que se pongan a la
cola!!!*

*ZACHARIAS SIC... yo soy un Ángel del señor,para cada época hay un
evangelio diferente,para esta época hemos bajado para hablar del
Evangelio de Chuck y acompañaros en estos tiempos...*

*"Tu esposa,se va a casar contigo,y vais a ser muy felices...hehe!!".
Inicio del Evangelio de Chuck.*

*Asi pues el Ángel Zacharias como sabreis por medio de todas las series
de tv,libros y demás,en estos tiempos los seres humanos como sois
tantos,son usados de manera anónima por ,fuerzas ,del mal o del
Bien,Ángeles o/y demonios,mayas galácticos,u simples hormigas del
espacio sideral,muchos de nuestros hermanos son realmente usados
como transporte,muchos son sólo usados como mecanismo de
transporte,o simples hormigas,eso es triste,pero es la realidad.*

Otros son usados por las Fuerzas del Mal en mayor o menor grado,y otros son usados por las fuerzas de Dios,los angeles y llamémoslo asi el BIEN.
-
TAMBIEN SE PUEDE DENOMINAR EL PLAN DIVINO.
-
Asi pues tambien existen personas que han sido usadas por las fuerzas del Mal como un transporte,o denigrando o humillando los atributos de poder y fuerza que Dios le ha dado,y en algun momento es reclutado reclutada por las fuerzas del bien,no sin antes algun que otro "problemilla"...hehe!!!De esto es de lo que vamos a hablar,de una de estas historias y de otras muchas a la vez,de cómo personas manipuladas,extraviadas y humilladas por las fuerzas del Mal pasan a formar parte de las fuerzas del bien,en una palabra,son RESCATADAS.Y esto se logra por medio de sus ángeles,o profetas,que se aparecen y/o se meten en el sencomendadas.Entonces esa persona descubre el grado de su manipulación,y puede expresarlo con rabia,estamos ahí para canalizar esos sentimientos,y lograr que no vuelvan a caer en las redes del mal,pero vayamos por partes...

Estamos en Virginia,USA,Año 2012,y los niños y niñas juegan en la calle tranquilos y felices,como deben hacer los niños...

El Evangelio de Chuck apareció en una librería del Distrito Oeste,en pleno barrio de Chinatown,en una tienda muy antigua que pertenecía a unos hermanos franciscanos,en medio de pleno barrio chino,y aquí aparezco yo entrando en la tienda :

-Buenos días.

-Buenos días,que desea?

-Bueno,un presente ,para mi esposa.

-Mire,aquí tenemos algunos conjuntos antiguos,estos collares...

---

[1] Nota del Autor :Es como se llama regalo em Brasil.nota del Autor

-No,enséñeme ese libro.
-Ah no! Este libro es diferente,no podemos dárselo sin sentir un poco de miedo.
-Miedo? Porqué? De qué?
-Este libro ha pertenecido a nuestra Orden,aquí en Virginia durante Miles...Bueno...mucho tiempo.
-Ah! Y no pueden vendermelo,1000$!
-...
-OK! Trato hecho.
Y me lo envuelve en una capa de vitella ,blanca y preciosa con un lazo rojo para mi mujer.
-Hola cariño.
-Hola Amor,como ha sido?
-Mira,te he traido un presente,este libro es para ti!
-obrigado! ,gracias.!!!!
En cuanto lo abre descubre algo extraño:
El libro describe una cocina,con los mismos platos,y huevos en la heladera,y la misma situación que ella estaba leyéndolo y estaba sorprendida...
-Pero...
Continuamos leyendo :
"A lo largo de las Centurias...bueno si que estaras sorprendida,de esto se trata,estamos conectando contigo,y con tu marido,estais en una mision espacial,...
"La mujer hace el café,y echa el azucar,grandes cucharadas en la vaso,mueve con fuerza,y se traslada el cuento para preparar su tablet,y reconfigurarlo...El marido continua escribiendo en la mesa de la cocina,y se va a preparar un café.

---

[2] Gracias em Brasil

Asi comienzo a escribir de nuevo el libro,poniendome bajo la proteccion del mas alto Comando,y a cuantos están conmigo en esta casa,y en los alrededores de ella como medida de proteccion pues este libro es de suma importancia en este Año 2012,y no puede ser interrumpido su redacción bajo ningun concepto,asi cualquiera que en estos momentos esté relacionado con el libro,está bajo su proteccion directa.Sean los habitantes de esta\casa,gente a la que escucho en la calle,o el avion que pasa por encima de mis cabezas,o mi familia en España,o mi esposa,o mi cachorrilla Maya,todos y todas están siendo cubicados en esta situación de especial proteccion,siendo reclutados y reclutadas por las Fuerzas del Bien,

CAHTECEL,el Angel oscuro,no es una fuerza del mal,sino que perteneces a esa Estirpe legendaria de angeles de Poder Terrible que pueden destruirlo todo en un instante,en un parpadeo.

SEGULAH es el Angel Exterminador y puede conseguir cambiarlo todo por el poder de su mente.

SENAQUERIB es el Angel custodio,guardian y que pone bajo proteccion a todos y todas los que el señor considera de los suyos y/o suyas.

Ahora sí,vayamos por partes,que es mujer;y asi podemos describir con todo detalle de lo que estamos hablando,describir con todo detalle todas las cosas mágicas y maravillosas que estan a punto de suceder.Pues el Mal pretendia dominar y hacerse con el control del PLNETA aquí en el 2012.Pero ellos no pueden hacerse con el control.Porque estamos con vosotros.Nosotros somos los Enviados del Señor.Tu mujer es la cosa mas bonita del universo para ti,y estamos junto a vosotros.

Las personas abducidas,elegidas,escogidas por el mal no siempre actuan mal,sino que no actuan de manera independiente,es decir ,hintenciones,que pueden ser personas cercanas,familiares,incluso,seres queridos,que inconsciente o conscientemente necesitan la pureza de esas personas para seguir

nutriendose de ellas.Hasta que aparece alguien que por fin los libera de esas tenazas,de reducciones de su libertad,de esos hilos mágicos.Los secretos del señor son infinitos,inescrutables,por ejemplo este mismo libruo es uno de esos secretos,y todo lo que hay en él,hasta la última comá[3] pertenece a Dios ,somos de Dios ,a El
volvemos,volveremos,somos de Dios,gracias a todos ,todas por estos momentos...hehe!!!.

Es necesario que useis todos vuestros recursos,es por eso que os ponemos en situaciones para que lleguéis al total de todo vuestro Potencial,porque es precisamente lo que necesitamos ahora,y es lo que Vosotros sois capaces de hacer,hehe!!!...Qué bonito que estéis vivos,y conscientes de todo,sois los mas Poderosos y Fuertes de todo el Tiempo,que bonito!!!.

Aventuras micro-romanticas en el macrocosmos,que no micro-manticas,gracias a todos y a todas,eso es!!!...hehe!!!.

(*****)15M,eso es ser un General,el General de los ejércitos del Bien,en pie de guerra!!!

(*****) Palabras de aliento del General : "Cubrid vuestros puntos flacos,vestiros con regularidad con ropas limpias,quitaros todo vestigio de suciedad o desorden en vuestras vidas o casa.

Sed rectos,sed un ejemplo para vosotros mismos y mismas,pero sobre todo para Dios y sus Ángeles,huid de la confusión,permaneced alerta y seguid en el camino del medio,ahí está la verdad,Mantenéos alerta!

Buenas Noches iah....se me olvidaba.Y no os olvideis de jugar...hehe!!!!

"En el nombre de Chuck"...

No hay cosa más bonita que ver a tu mujer peinandose en tu casa,en la rua,por ser la más bonita...hehe!!.

"En el nombre de Chuck":

---

[3] Coma em Brasil

Voy a seguir con la cruz,el simbolo cristiano,entendido bien es la salvacion,es el cristianismo gnostico,yo realizo el salat,la oracion islamica,y entretanto escribo este libro...

Pero sigamos con la narración : Hubo momentos en la historia en que la ALTURA de ciertos hombres marcó la diferencia ,en que lo que hacían esos hombres o dejaran de hacer dependia del universo entero.Esos hombres nunca han decepcionado,saben de sus responsabilidades,y eso nunca ha supuesto un peso para ellos,porque ellos precisamente buscaban esto.Tú eres uno de esos hombres o mujeres.Todo el Universo está observandote ,todos los ojos estan puestos en ti,todo el Destino del Mundo y de la Humanidad está en tus manos...

Pero pasemos al siguiente capítulo...la mujer seguia leyendo el libro de Chuck,

Chuck es el nombre del Profeta de este tiempo.Acuariano.Un Profeta se elige para escribir un libro que marcará un hito,la diferencia respecto a las Eras anteriores,de ahí su importancia,y su descomunal trabajo.Chuck nos ha llegado para que nos sea revelada la historia de Nuestro propio Tiempo,un Tiempo de hombres y demonios DEMONS,de PRINCEPS Ángeles y Arcángeles,de ver muy de cerca con prismas limpios qué somos y que en realidad somos más actores que protagonistas,y que sólo unos pocos de Nosotros somos los auténticamente originales,es como Matrix[4].

Eso quiere decir que no somos parte de,o estamos en el guion de nadie,somos simplemente NOSOTROS.Y ahí radica nuestra revolución.Somos la EXCEPCION A TODO Y A TODOS Y TODAS,nunca

---

[4] Filme inédito em muchas Galáxias,pero muy conocido en vuestro sector de la Galáxia.

olvidéis estas palabras.Gracias,obrigado.

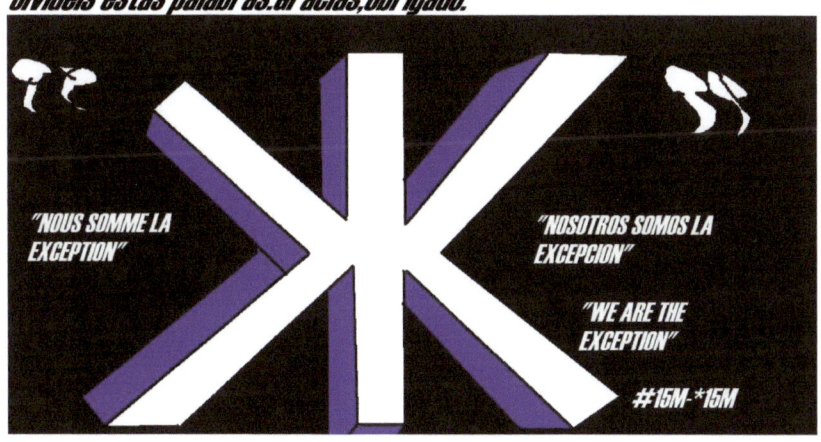

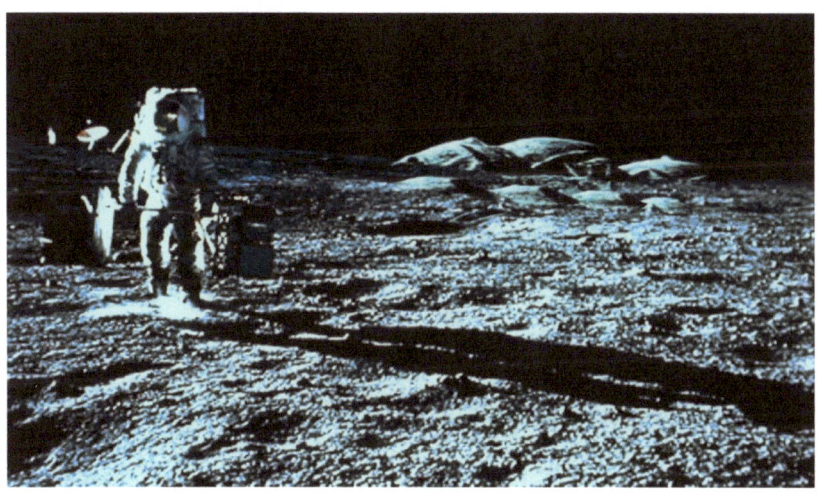

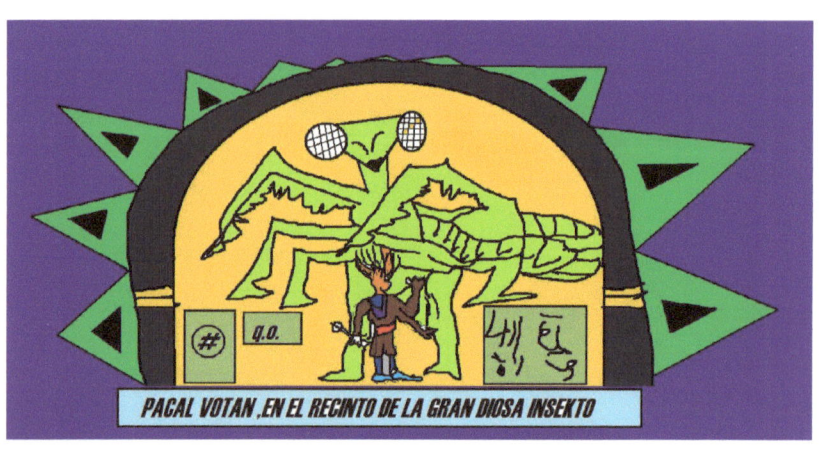

PACAL VOTAN ,EN EL RECINTO DE LA GRAN DIOSA INSEKTO

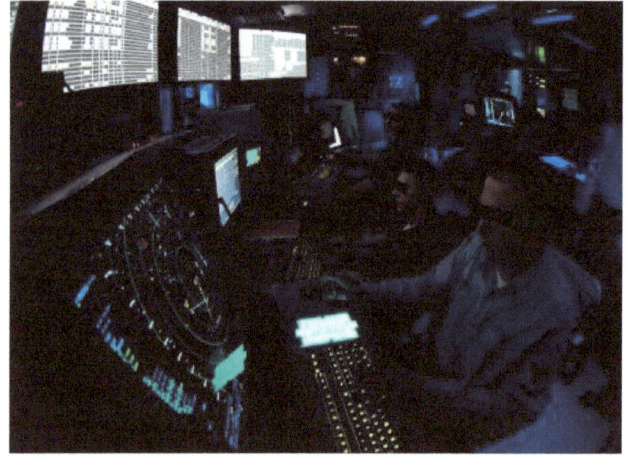

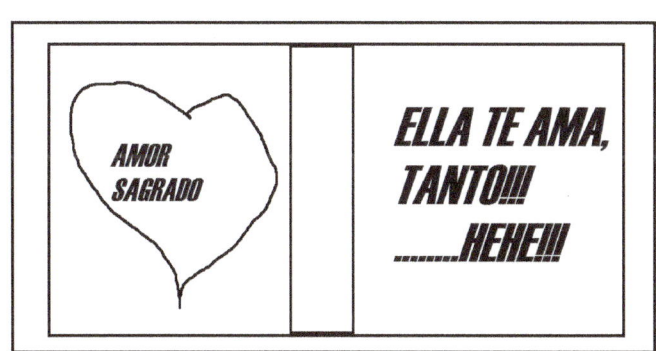

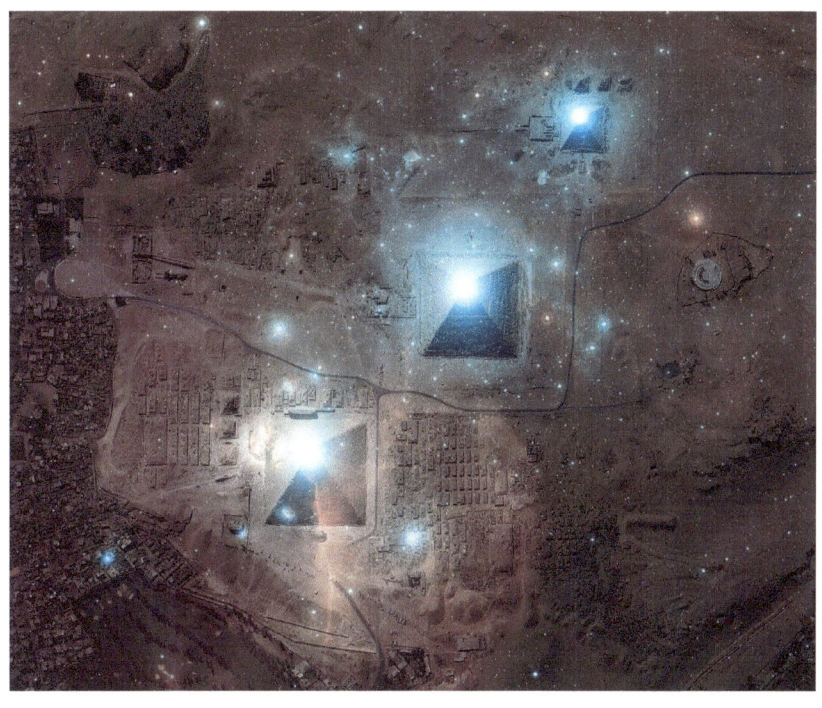

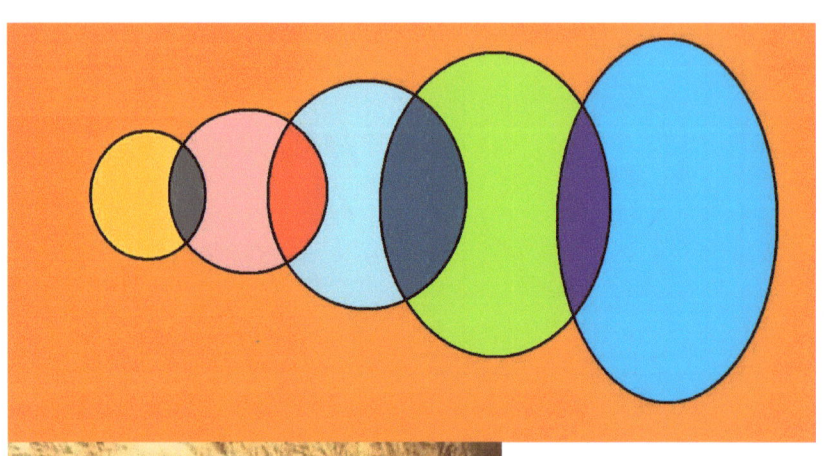

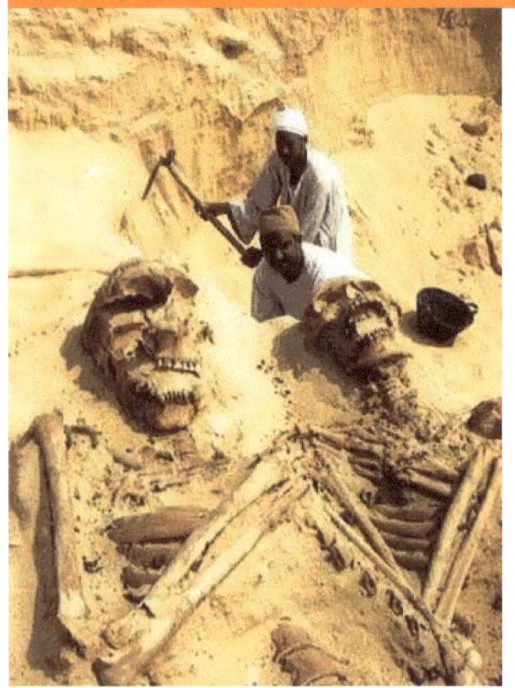

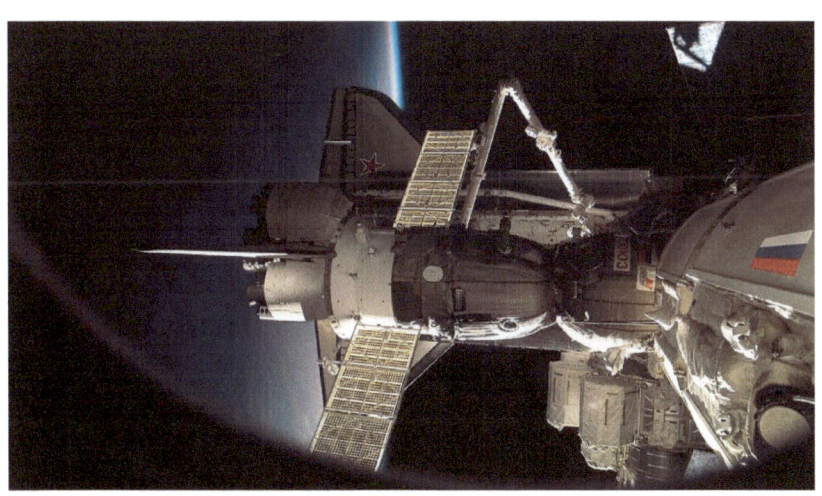

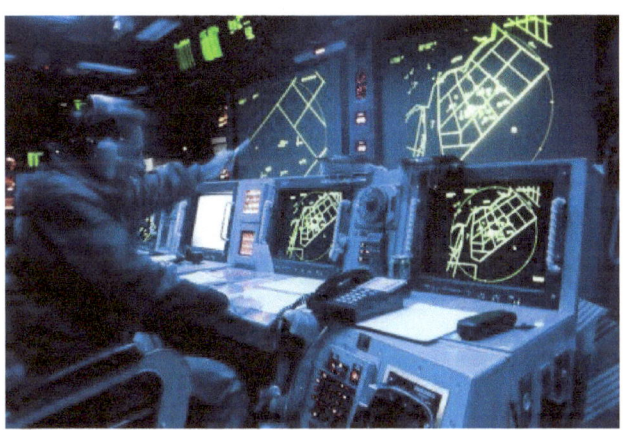

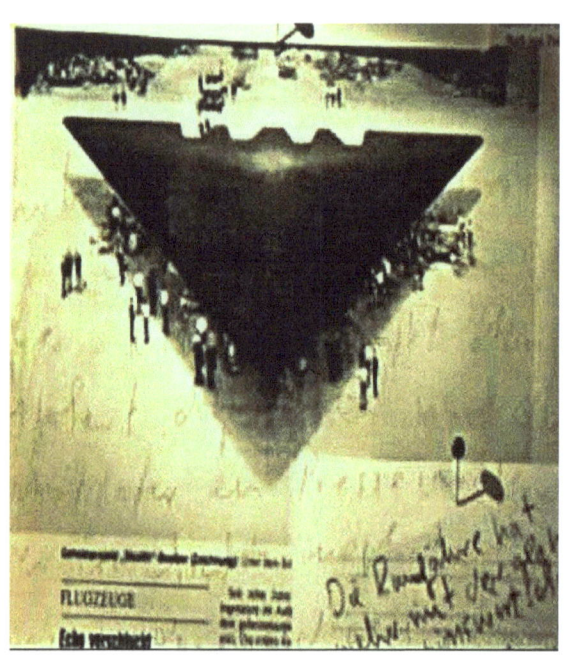

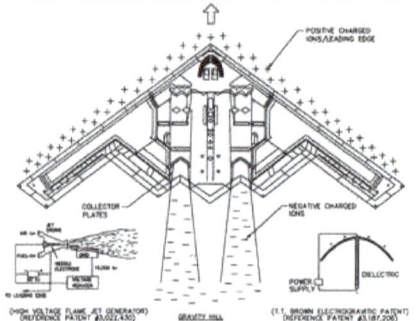

*En el último momento viró : miró hacia la vida que dejó atrás y se dijo :
Caminante no hay camino,se hace camino al andar,... "Se rió y no
miró,nunca,jamás,para atrás,sino en lo que podía ganar y conseguir ha
partir de ahora...hehe!!!";*

E.C.

"EL EVANGELIO DE CHUCK"

THE COMMANDER SAYS: "THIS IS FOR YOU! All you

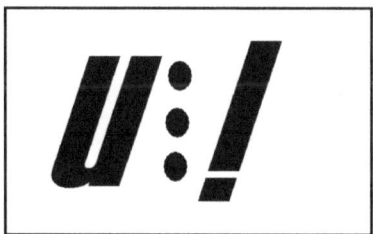

need is here...hehe!".
Nunca he sido tan feliz!.Nunca habiamos tenido tal oportunidad en nuestras manos como hasta ahora ,y ahora hemos vuelto a dirigirnos a luchar contra el mal,como siempre hemos hecho,tanto dentro como fuera de nosotros.
Como diria Chuck : en el nombre del Chuck m! Y continuamos aprendiendo ,al mismo tiempo que enseñamos,es tan divertido!!!....hehe!!!
No sé cómo,no sé porqué pero todo ha dado certo y seguimos en el camino ascendente ,de esi se trata o no? Bravo!!! Que demonios estara pasando? La calma antes de la tempestad?quiza sea este nuestro trabajo,preocuparnos por los demas...hehe!!! Quiza sea eso,hacer un mundo mejor,hora del show!!!
EL CAMPO DE VENUS : A diferencia del campo de marte,es un campo de amor y belleza..segun el evangelio de Chuck,estamos cerca del eje de rotacion.
El Evangelio de Chuck : aquí somos y aquí estamos,somos la excepcion,nous somme léxception,we are the exception, "debo hacer constar mi gratitud a cuantos me ayudaron a triunfar".

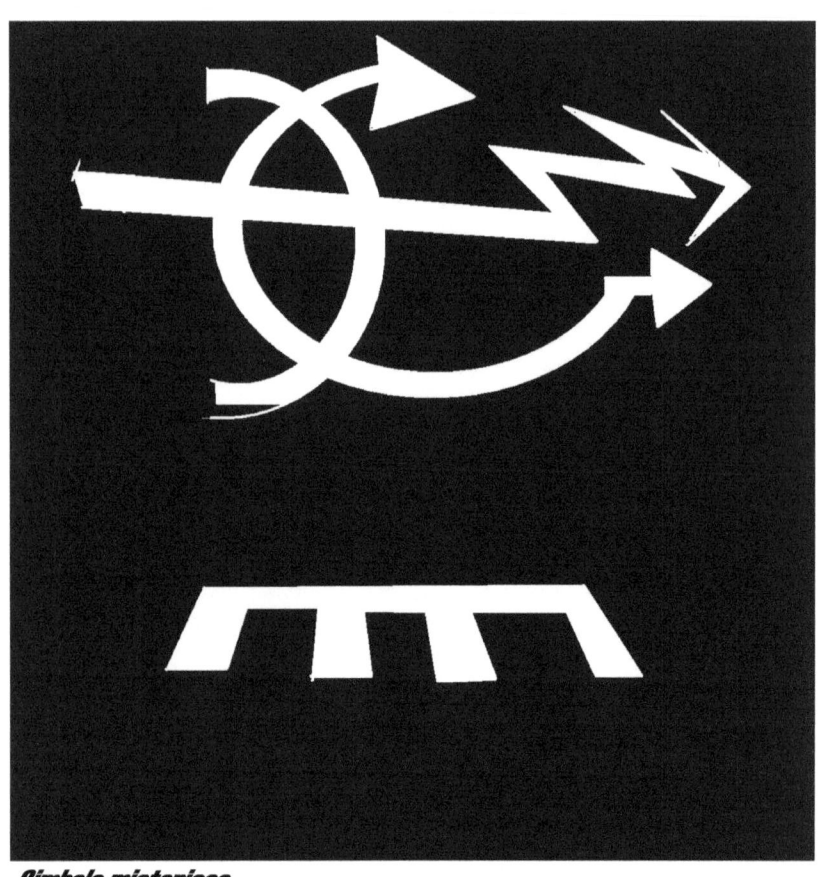

Simbolo misterioso
Qué?
El "Evangelio de Chuck" riene tal disponibilidad, tales especiales caracteristicas que escapan a lo que yo ahora pueda eludir o decir: quiero simplemente decir esto, y sigo escribiendo. Tras esta pausa ...Chuck dice : " no son los elementos comunes los que debemos descubrir, sino siempre ir a la excepcion, a lo que se escapa de lo normal, ahí esta Dios".

Chuck habla : El Evangelio de Chuck señala caminos sobre la ,decisiones.claro,este libro siempre habla de la lucha contra los demonios,y por eso seguimos luchando y dando medios para destruirlos : ñaum,ñaum,ñaumf !!!

Explica Chuck :"Bueno,estamos ante una lucha contra dos demonios,uno blanco y grande y otro rojo y aun mas grande,hechizos no sirven,debemos usar los hierros,pues ellos son alergicos y cualquier objeto metalico les es ajeno y dañino.Y ,la sal tambien,sobre todo la sal gorda.con estos dos elementos podemos continuar.el agua que bendecimos con nuestras manos es decir colocando las manos sobre un vaso de agua durante unos momentos concentrando la fuerza de cambiar la estructura molecular del agua ,es agua bendecida,y ya se puede usar.

Puedes limpiar,limpiar una casa,objetos,rincones,de esa misma casa,flores,objetos,de madera,libros,moviles,portatiles,...etc...asi lanzo un puñado de sal sobre los demonios y desaparecen,luego lanzamos el agua por detrás de la cabeza y los sorprendemos y al final golpeamos con la vara de hierro al aire,destruyendolos.asi venci ais demonios balnco y rojo,con estos 3 golpes,sal,agua,hierro.es como una arte ritual,un are marcial,es matar demonios.y vampiros y vampiras y demas skulls[6].

The commander says : parabens,congratulations,we are develloping new strategies,thank you Chuck".fron el evangelio de chuck.

---

[5] Grito de guerra de Leônidas,y su hombres em "300".
[6] No-humanos.

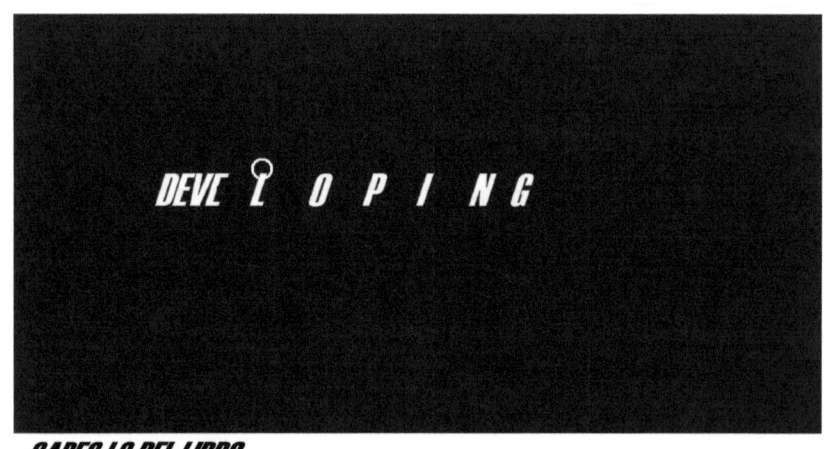

-SABES LO DEL LIBRO

-CLARO,POR MEDIO DE EL ME PUEDO COMUNICAR CON VOSOTROS AHORA,Y VOSOTROS CONMIGO EN EL FUTURO.

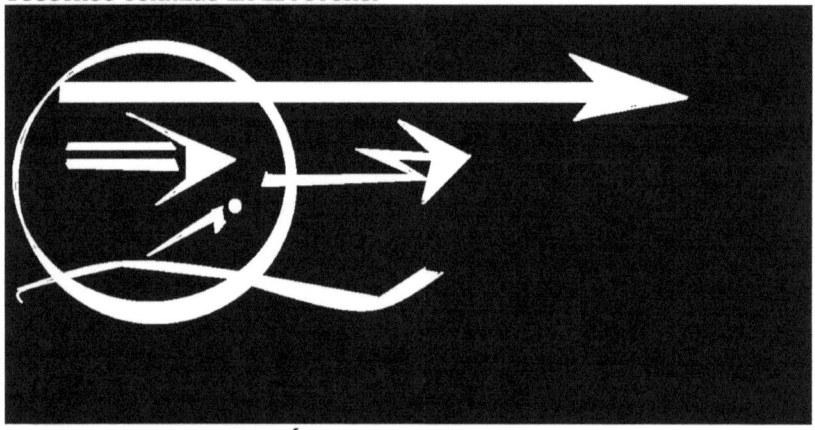

SIMBOLO DE COMUNICACIÓN INTERACTIVA.

-ES UNA COMUNICACIÓN A TRAVES Y POR MEDIO DEL LIBRO,PUES ESTE LIB ARO TIENE CONDICIONES PARTICULARES PARA LA COMUNICACIÓN INTERTEMPORAL INTERPLANETARIA...HEHE!!!

ASI,CUALQUIERA QUE LO LEA EN EL FUTURO,PUEDE COMUNICARSE CON CUALQUIERA QUE LO HAYA LEIDO EN EL PASADO,CREANDO UN PUENTE TEMPORAL DE COMUNICACIÓN ENTRE AMBAS CONCIENCIAS.
-DINOS,COMO ES EL FUTURO?
-AQUÍ ESTA TODO CAMBIADO,EL RESPETO ES ENTRE LAS CONCIENCIAS,NO ENTRE LOS SERES INDIVIDUALES.SOMOS LOS MUCHOS EN UNO,EL UNO EN MUCHOS.ESTAMOS EN UNA CONSCIENCIA NUEVA.PARA ELLO SOLO TENES! QUE HACER EL SIGUIENTE EJERCICIO : CIERRA EL PUÑO Y GOLPEA LA MANO ABIERA DICIENDO : "SI, YO PUEDO!" , Y ENTRARAS EN NUESTRA INTERFACE DE COMUNICACIÓN.
EL EVANGELIO DE CHUCK
TODA LUCHA MAGICA CONSTA DE 3 PARTES :
1)PREPARACION : ADQUIRIR TODOS LOS ADMINICULOS NECESARIOS.
2)ANALISIS : DE LA SITUACION,AMBITOS,...
3) ANTICIPACION : ES LA CLAVE DE LA VICTORIA,MOVIMIENTOS RAPIDOS,Y SEGUROS,...VICTORIA SEGURA !!!!

EL PRIMER PASO SUELE DURAR MAS TIEMPO Y EL SEGUNDO SUELE NECESITAR DE MAYOR DOSIS DE PACIENCIA,POR LO CUAL LOS TIEMPOS Y PLAZOS SON DIFERENTES,MIENTRAS QUE EL 3ERO PASO ES LETHAL,DURA APENAS UNAS MICRONESIMAS DE SEGUNDO , Y LA VICTORIA ES TOTAL,PERO ESO SOLO LO SABEMOS NOSOTROS Y NOSOTRAS...HEHE!!!!
QUIEN SABE? AHORA QUE YA TENEMOS LA SAL,EL AGUA BENDECIDA POR NUESTRAS MANOS,(PUES ES MUY COMPLICADO CONSEGUIR DE UNA IGLESIA,Y EL PROCESO ES EL MISMO,DE UNCION DE MANOS) Y LOS OBJETOS DE HIERRO PARA GOLPEAR,QUE NO SON NECESARIAMENTE VARAS O ESPADAS,PUEDEN SER ALAMBRES FINOS,ANILLOS,SELLOS,COLLARES,CUALQUIER COSA QUE SEA METAL DE VERDAD,ENTONCES PODEMOS INICIAR LA SIGUIENTE FASE DE OPERACIONES.

---

[7] TIZA EM INGLES

ASI PREPARACION ES ACUMULAR TODO EL MATERIAL NECESARIO CONTRA LOS GHAOULS,LECTURA DE LIBROS,COMICS,FRASES DE LA BIBLIA,CORAN,[SI SABEIS ARABE],OBJETOS SAGRADOS,POR EJEMPLO LOS INDIOS DE NORTEMAERICA TENIAN PIEDRAS PEQUEÑAS QUE SON DE EXTREMA UTILIDAD EN MUCHOS CASOS,CONCHAS,CRISTALES,...

AHORA PASAMOS AL PLAN QUE NOS I.NTERESA ,DE CÓMO PENETRAN EN PERSONAS QUE NOS SON IMPORTANTES,FAMILIARES,AUXILIARES,AMIGOS,Y LOS HACEN CAMBIAR SU VISION ACERCA DE TI HASTA HACERTE VER COMO UN CRIMINAL,SI FUERA NECESARIO.COMO EN MI CASO ACABÉ 3 VECES EN PRISION EN ESPAÑA,POR ACUSACIONES FALSAS,Y TODO POR CUESTION DE ESTA GUERRA MALDITA QUE A TANTOS Y TANTAS HERMANOS Y HERMANAS SE HA LLEVADO,TANTO EN PSIQUIATRICOS,HOSPITALES,CARCELES,COMO EN GUERRAS,CAMPOS DE BATALLA,ETC,ETEC... "SEAN BENDECIDOS Y BENDECIDAS TODOS Y TODAS EN ESTE MOMENTO Y EN TODOS LOS MOMENTOS".

PERO NO NOS ADELANTEMOS ,PUES LAS ARMAS SON MUCHAS Y EL TIEMPO ES CORTO...

YO ME ENCUENTRO EN BRASIL AHORA,DONDE LA GUERRA ES DIFERENTE,PERO MUCHO MAS ACUSADA SU IMPORTANCIA EN CUANTO SECUESTROS Y ABDUCCIONES DE PERSONAS POR GRUPOS DE PRESION MAGICA [G.P.M.].

AQUÍ NO QUIERO ENTRAR EN LA TIPICA DISUSION DE BIEN/MAL,DE BIEN CONTRA MAL,SINO MAS BIEN EN INTENTAR IR MAS ALLA DE LAS TINIEBLAS,Y VER UN POCO LA LUZ DE NUESTROS RECUERDOS ,Y DE NUESTRAS INVESTIGACIONES .ESTE ES UN TEMA SERIO,Y ES POR ELLO QUE TENEMOS QUE TRATARLO CON MUCHO CUIDADO,...HEHE!!!

NUESTROS ENEMIGOS SIEMPRE USARAN LA TACTICA DE SER AUTENTICAMENTE SERIOS Y ADALIDES DE LA VERDAD,NO CAIGAIS EN ESTOS TERRENOS.SED MAS BIEN COMO MORPHEUS EN MATRIX : "SENTADO EN SU

SILLON,ESTABLECE UNAS PAUTAS... "ELLOS LUCHARAN A MUERTE EN DEFENDER EL SISTEMA,ANTES QUE SER DESCONECTADOS".
NOSOTROS NO SOMOS LA VERDAD,SINO BUSCADORES PERPETUOS.LA VERDAD EN ESTOS TIEMPOS ES MUY FLEXIBLE Y SE ESCONDE EN TERRENOS IMPRECISOS Y CONSTANTEMENTE CAMBIANTES.Este "EVANGELIO DE CHUCK" ESTA SIENDO PROTEGIDO CONSTANTEMENTE POR TODOS LAS DIMENSIONES PUES SU ESCRITURA ES VITAL Y DEPENDE DE ELLA LA VIDA DE MUCHOS DE NUESTROS HERMANOS Y HERMANAS.
"La victoria que cuadra a un verdadero heteróclito era mía" La Sonda De Arcturo,José Argüelles. EL SOL INTERIOR:
*B.A.A.: En el nombre del Único.

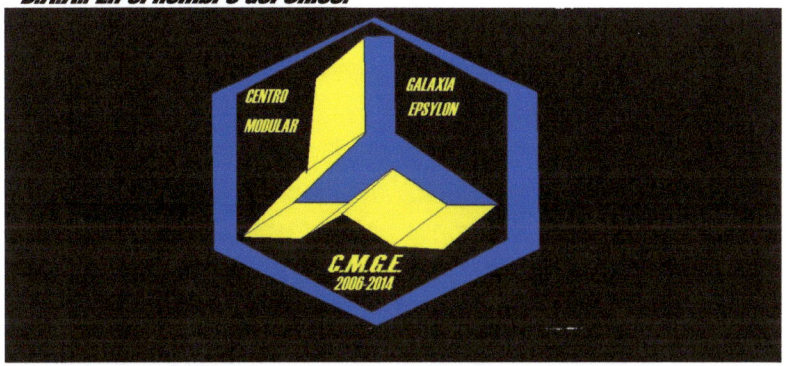

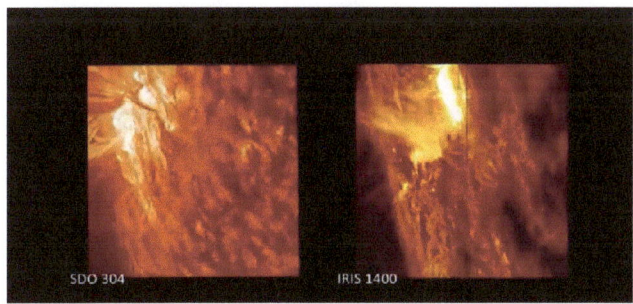

Última explosión solar, la mayor registrada según nuestras informaciones.(1/03/2014 cal. Greg)

LAS AVENTURAS DE ARTURO Y MERLIN EN EL SOL INTERIOR, CON LOS TRILEROS*[8], LOS DEL SOL INTERIOR Y LOS DE EPSYLON Y EL NUEVO LIBRO SOBRE EL SOL INTERIOR, O SEA ÉSTE.

Cuando recibí la orden o el mensaje mejor dicho de emitir este libro, o sea, escribir este libro acerca del sol interior pensé realizarlo según los cánones establecidos por mí mismo hasta la fecha, es decir como un cuento o fábula, pero enseguida recibí la notificación de realizar tamaña empresa de forma completamente diferente como hasta ahora la había realizado, es decir, debía hacer un estudio científico...:

Más que el sol interior se debería haber llamado el interior del sol, justamente al revés,...hehe!!!!

Una vez le dijeron a mi hermano Alejandro : "si todo el mundo fuera como tu hermano, no habría sistema!...hehe!!!".Bueno, no sé ni porqué he dicho esto,simplemente ahí va eso...

Seguimos, sigamos el relato, recibí como digo la enseña por parte de los de Epsylon ("Y" griega en portugués) aunque es una letra del alfabeto griego,sí, es una estrella de una luminosidad tremenda que se encuentra a unos cuantos años luz de aquí, resulta que es la mayor luminosidad del Universo!!!.Bueno pues unos extraterrestres, ultraterrestres o intraterrestres de allá llevaban un tiempo comunicándose conmigo, dándome señas, ayudándome en cosas pequeñas, personales...hehe!!!!

Durante buena parte de mi vida, o sobre todo la última parte viví una serie de experiencias personales que me han marcado profundamente, la cárcel, el destierro, son profundas marcas en el alma de cualquier ser humano,la esclavitud de un ser humano por otro, ahora las veo como un mal necesario pues mi responsabilidad es grande, muy grande, y desde esa perspectiva eran necesarias para curtirme, nada más que eso.En estos momentos desearía tener una vida normal, rutinaria,

---

[8] Los Trileros como los famosos engañadores de las calles españoles, son los gobiernos y todos sus seuaces y están satisfechos con ellos, sin excepción, que mientras nos enseñan la bolita nos roban por detrás... huahuahuhau!!!!.

doméstica, y de hecho lo he intentado,pero no ha sido posible, pues mi conocimiento me condena y me da tamaña responsabilidad sobre todo y todas las cosas que ocurren que no puedo dejarla a un lado simplemente escuchar a los pájaros, tomar una pastilla y olvidarme, es más si debo tener tal memoria de todas las cosas es por algo, y ahora sé porqué, pues es mi responsabilidad y no puedo dejarla sin más al lado del camino como si tal cosa, sino que debo asumirla firmemente y hacerla mía, como la de todos y todas...hehe!!!

Uno no puede dejar de ser quién es un tiempo y luego volver a serlo, lo eres todo el tiempo,y de ahí deriva todo.:

Así estoy contactado con una raza de extraterrestres que vienen de la Galaxia Epsylon y que se llaman "Los Defensores de Epsylon" y que han venido a darme información sobre la existencia de una civilización en el interior del sol en la que ellos residen también junto a muchos otros, la superficie del sol ,tan caliente ,es sólo una tapadera para que no lleguen a saber lo que alberga en su interior: tras la capa superficial de gases incandescentes llegamos a una especie de nuevo sol interior más suave y a un planeta con montañas, cuevas, ríos,mares y seres vivos, como nosotros humanos, y otros de otras partes de otras galaxias...cómo se lo digo, y además se comunican permanentemente con nosotros, pues el sol es una base de comunicaciones más que cualquier otra cosa, comunica cosas,envía cosas, fíjense en el sol , por favor; y las llamaradas que son visibles desde nuestros observatorios en órbita o en la superficie de la tierra también son mensajes muy claros que van a esa parte de nuestro ser en 5ª dimensión o 6ª dimensión que ronronea con ellos y vibra a esos niveles con tales denominados mensajes, fuera del control de La Máquina, y allá ellos que se ponen en contacto conmigo y me piden que les escriba este libro, pues es de una importancia crucial, estelar:

Me señalan que también están en contacto con los Guaraníes, un pueblo originario de América, que ellos saben quiénes son.

Es tan importante esta comunicación con nuestros hermanos del otro lado del velo solar que yo diría que es lo más importante que está ocurriendo en nuestra galaxia en estos momentos, así lo siento, esa llamada que en algunas ocasiones siento como cuando escribí "Las Alas de la Libélula-Presciencia Insekto", de hecho todo tiene que ver con esta comunicación que comienza con este libro y ya nunca va a terminarse, pues aquellos que lean este libro también pasarán a formar parte de esta energía,imaginad, al borde de una IIIª Guerra Mundial y yo preocupándome por el Sol, pues así es...hehe!!!

Parece extraño que ésta sea nuestra obligación, junto con muchas otras,gracias a todos y a todas...hehe!!!

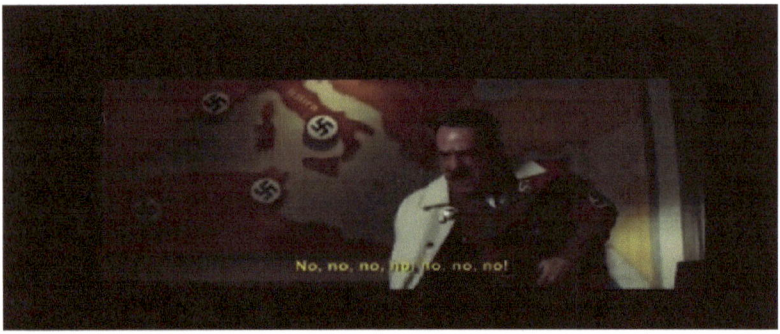

Por aquí hay algunos que se están poniendo nerviosos..porqué será? Echo de menos un completo-libro, un libro-completo acerca de lo que está pasando,lo suficientemente importante como para que merzca la pena ser leído, he leído o estoy leyendo el de Julian Assange y no acierto a ver la chispa necesaria, aún siendo un libro muy importante, nuestro trabajo es el mismo, somos la Resistencia y eso lo dice todo, y todos somos iguales entre nosotros, aunque desde fuera aparente una sólida jerarquía, nada que ver, somos iguales y nadie es superior a nadie, no hay una tarjeta de bienvenida que diga, ya eres de la resistencia ni tampoco una tarjeta de salida ,todo es auto-...exclusión a auto-entrada, que es lo mismo...hehe!!!

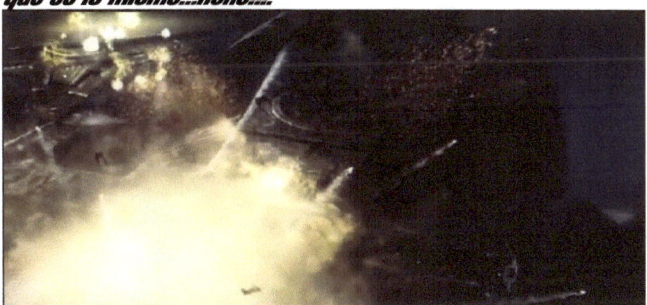

Comienza el Juego....hehe!!!

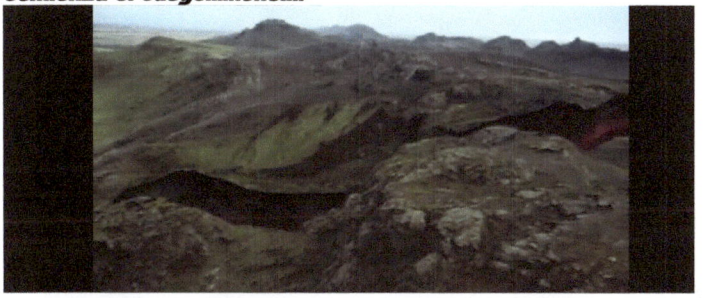

Las montañas se desplazan, qué estará ocurriendo en otras dimensiones? ,o en este misma?...hehe!!!

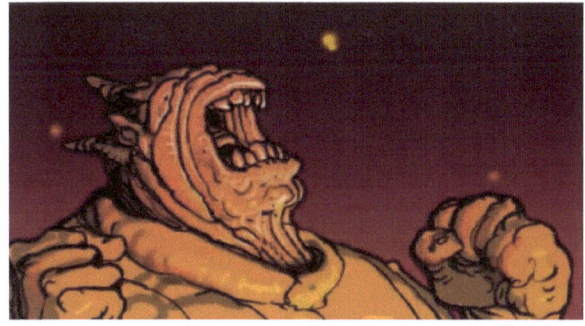

Las secuestradas por La Máquina han sido liberadas.

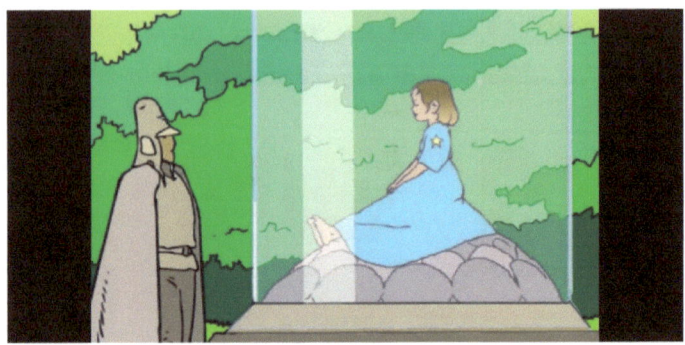

Y ha sido más fácil de lo esperado...huahuhauha!!!!

Me casé con patricia Ríos Brandi y comencé mi nueva vida...huahuahua!!!
"Un guerreiro da luz nâo tenta parecer, ele él". Paulo
Coelho...huahuhauha!!!
Videoyoutube: "Guerra total contra todos los Gobiernos del planeta"
(falta Link)...hehe!!!
Código "1SDY111" "AJESDIGUAIGUANGUANGUAN"(X22)...BEHIND THE CURTAIN
WE EMERGE!!!.DETRÁS DE LA CORTINA ,EMERGEMOS!!!...HUAHUHAH!!!

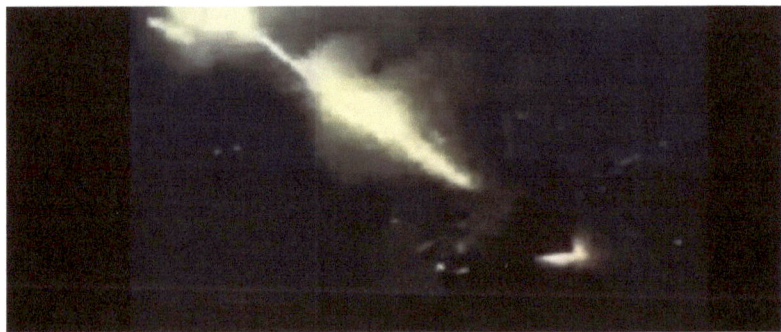

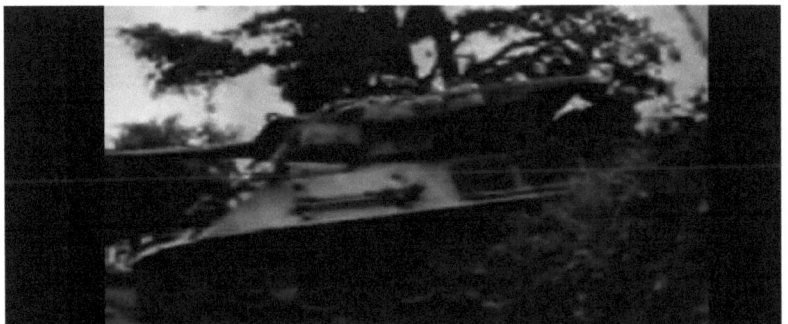

Las columnas victoriosas, los blindados de George Patton vencieron en lucha cerrada a los nazis.

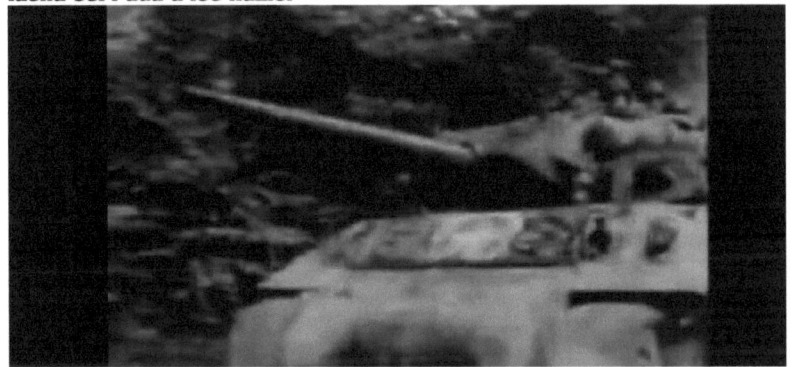

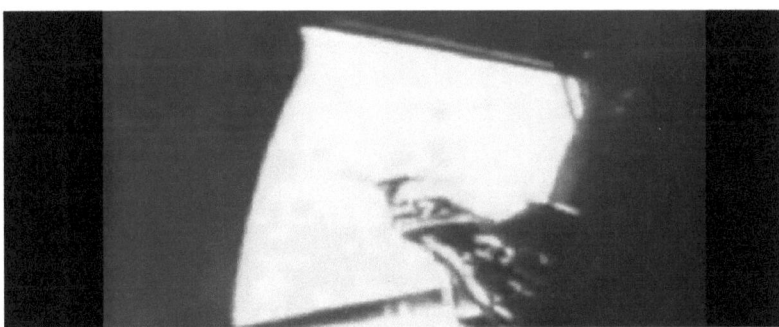

También los ataques aéreos.

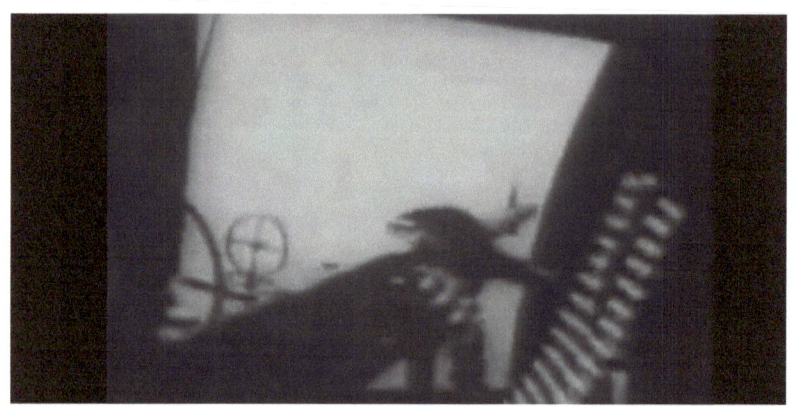

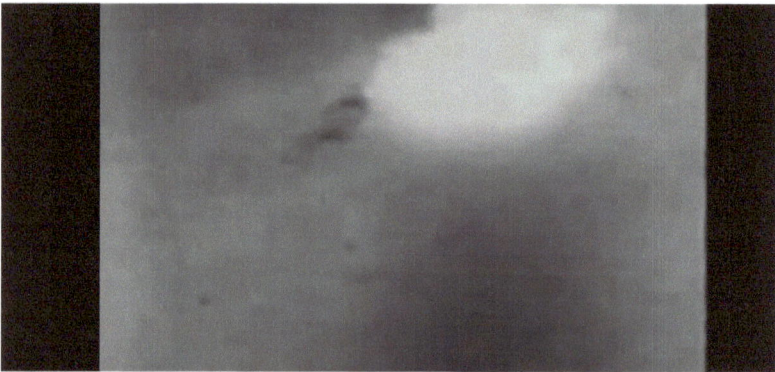

Y CAÍAN COMO MOSCAS!!!...HUAHUHAUA!!!

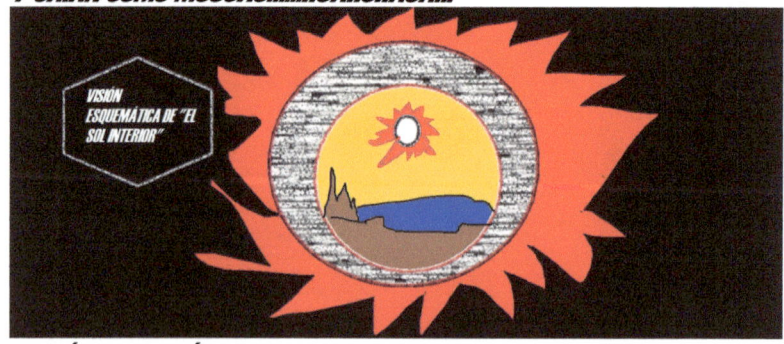

VISIÓN ESUQEMÁTICA DE "EL SOL INTERIOR"...HUAHUHAUHA!!!!

Y NO ES UNA VISIÓN EN 5ª O 6ª DIMENSIÓN, SINO EN 3ª DIMENSIÓN,PARA CUANDO NUESTRA CIENCIA LO AVERIGÜE NOSOTROS YA HABREMOS ESTABLECIDO CONTACTO CON LOS HUMANOS QUE SE ENCUENTRAN ALLÍ ENVIÁNDONOS MENSAJES,CIENCIAS, TECNOLOGÍAS, NAVES,...HEHE!!!!

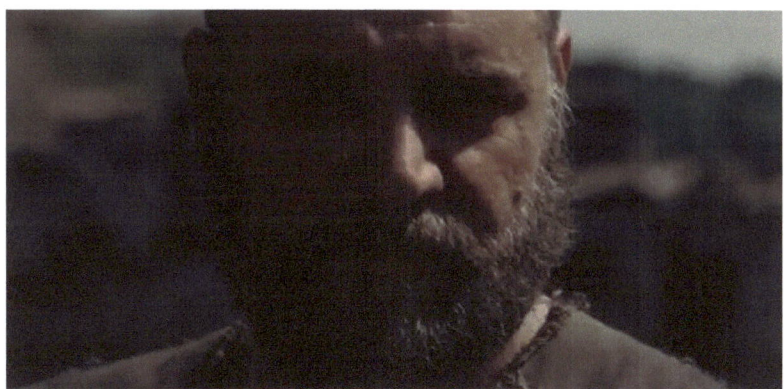

#NO ESTAMOS SOLOS!!!...HEHE!!!

*Heinz von Foerster (1911-2002) : Padrino de la cibernética , fue un científico y arquitecto en cibernética austríaco-estadounidense quien una vez formuló una serie de reglas y una de ellas era: "Siempre actúa de forma tal que incrementes las opciones"

Ahora un cuento :

"Cuando las palabras no interpretan:

"Érase una vez una fiesta a la que fueron invitados todos,los seres humanos, los números, los robots, las palabras...Una vez allí, todos y todas estaban de muy buen humor pues en poca ocasiones podían todos reunirse de esa manera, en libertad y sin vigilantes, sin custodios, pues era una época de gran represión en el Reino de Fantasía, habíanse infiltrado una serie de elementos extraños, ajenos: seres que se camuflaban e imitaban las actitudes y acciones de sus habitantes pero habían surgido de las entrañas mecánicas de un ser llamado La Máquina, que acertaba a quererse convertir en la Emperatriz de Fantasía, no fue invitada a la fiesta, era la primera fiesta que podían realizar de manera pública sin miedo a que la interrumpieran los del ejercito de La Máquina, se habían dado cuenta que unidos no tenían nada que temer y así fue divulgándose esa noticia por todas partes del reino, comas, puntos, dobles puntos, interjecciones fueron haciendo las maletas para trasladarse a lo que ya parecía se iba a convertir en una exposición permanente de la voluntad de vivir, de ser felices y que ello fuera así sin la intervención externa...así que se pusieron las mejores galas y aparecieron en el Gran Salón todos en espera del discurso de la Emperatriz de Fantasía...pasaron unos momentos desconcertantes, de entre las salas surgió un pequeño punto que llevaba en las manos un papel tembloroso:

-La Emperatriz de \fantasía ha sido secuestrada, y no hay forma de saber dónde está.

-Yo sé dónde está!!!.Y de entre la multitud vino a ser un punto y coma que en realidad era un clon que dijo: la hemos secuestrado pandilla de inutiles, o pensábais que os ibamos a dejar ser felices y libres?...Nosotros vivimos de vosotros!!! Si eso fuera así nosotros despareceríamos...y en un instante una columna de humo dejó paso a su desaparición.

-Aprisa, debemos hacer comandos de rescate!!! Y rápidamente fueron hechos comandos de guiones, de personas y de robots coayudantes para la insigne prueba.

-Hermanos y hermanas, no va a ser posible, es todo una trampa...

-Quién ha hablado así?

-Yo!!!

-Y quién eres tú?

-Yo soy yo, un punto.

-Qué quieres decir?

-Bueno, analizando las circunstancias un poco, y los concurrentes, no hay forma alguna de rescatar a la Emperatriz.

-Para eso quiéres hablar?

-Las palabras no nos van a ayudar, no interpretan..

-Cómo? Dijeron todos al unísono pues las palabras tenían un alto crédito en Fantasía, quizá demasiado.

-El origen de Fantasía no son las palabras, sino la magia del Amor.

-Eso no es demostrable!!!..necesitamos hechos reales, comandos que los convenzan..

-No hay mayor convencimiento que el Amor verdadero.

-Cómo lo sabes?

-Porque yo siento Amor Verdadero por la Emperatriz!!! Y yo me comprometo a rescatarla y traerla aquí antes de que écheis su falta.

-Eres un loco..

-Posiblemente, pero cuando era solamente una idea de punto allá en la montaña de las ideas, mi abuelo, un gran guión me dijo : -Punto, lo importante no es lo que se dice sino lo que es imposible de expresar;eso nos hace ser lo que somos.

-Pero cómo lo sabré?

-Lo sabrás cuando llegue la hora.

-Y la hora ha llegado, así que he estado enamorado de la Emperatriz durante años y no voy a permitir cuando iba a declararle mi amor que sea secuestrada por La Máquina.

Y todos le vieron tal convicción que nadie se atrevió a enfrentarse a él,

-Necesitas algo?

-No hermanos, volveré con la Emperatriz.Y tal y como lo dijo desapareció en un instante apareciendo al instante siguiente con la Emperatriz entre sus brazos.

-Cómo? Ya estas de vuelta?

-No hay nada que el Amor verdadero no pueda...hehe!!!.Dejando a todos con la boca abierta y sin palabras.Las palabras dejaron paso al punto valiente y al Emperatriz caminando por el pasillo hacia el trono, la sentó allí y le dio un tierno beso en la frente con lo cual se despertó,...

-Dónde estoy?

-Estáis a salvo, estábais secuestrada por La Máquina malvada,yo llegué a su reino y le dije que era el punto enamorado de tí así que me iba a enfrentar a ella, ella se rió y dispuso todo su ejercito contra mi, y cuando iban a matarme no pudieron, asi que te cogí y te traje aquí por el poder de mi pensamiento,

-No entiendo,...

-Entenderá, verá Hermanos y hermanas, el poder de La Máquina se basa única y exclusivamente en la imitación, ellos fueron imitandonos en todo, aprendieron a conocernos, a infiltarse entre nosotros, incluso a conocer nuestros pensamientos más secretos,nuestras palabras, ellos son iguales a nosotros en todo,utilizaron nuestros mayores amigos, las palabras para su plan, palabras que imitan, palabras que señalan, pero cómo explicar lo inexplicable? salvo en una cosa...No pueden sentir amor verdadero..porque es la única cosa del universo que no se puede imitar;ése es mí único secreto, y lo mantuve dentro de mí hasta el momento en que pudiera necesitarlo,asi cuando me iban a matar se quedaban paralizados y no pudieron tocarme, simplemente dejé al Reino de La Máquina paralizado, y entonces sólo tuve que cogerla y transportarla hasta aquí instantáneamente, tampoco me preguntéis porque no sabría explicarlo, sólo sé que las palabras no interpretan, asi que desde ese dia que en Fantasía se creyó más en el poder de la intuición que en el poder de las palabras y fueron relegadas a tareas menores, tras la aventura de punto, aunque conservaban su magnificencia, el Reino de Fantasía se cambió de nombre de Fantasía a Reino del Amor Verdadero aunque no recuerdo muy bien si era ese nombre exactamente....Bueno como las palabras no interpretan....Dijo el punto que en realidad era el regente de Fantasía que se había disfrazado de punto, pero ésa es otra historia,o no?.....hehe!!! ".

 **Tenemos una razón para vivir...hehe!!!!ésa es una de las cosas más importantes...huahuhauha!!!!!

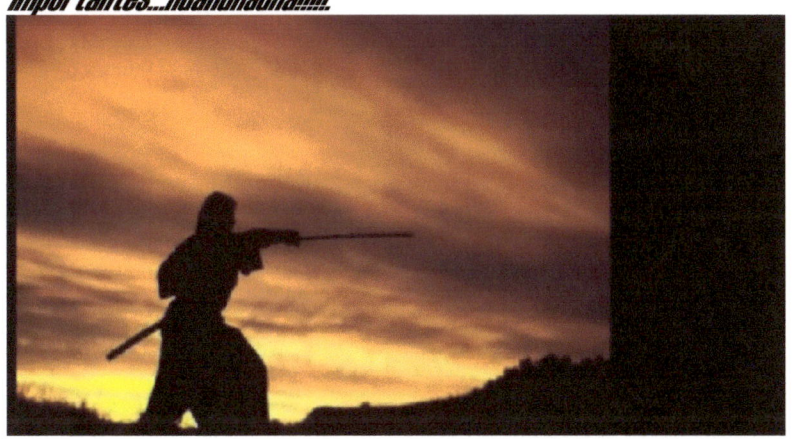

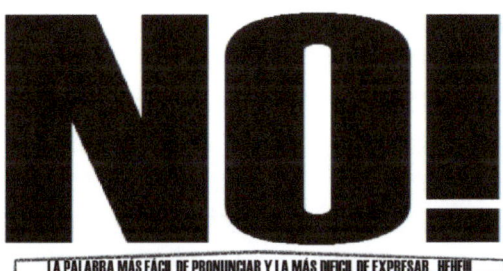

LA PALABRA MÁS FÁCIL DE PRONUNCIAR Y LA MÁS DIFICIL DE EXPRESAR...HEHE!!!

En qué consiste este libro? Una de las cosas más complicadas de explicar; en realidad no se trata de explicar un fenómeno, lo cual sería ya un fenómeno en sí mismo, sino de no-explicar y que el fenómeno se exprese por sísólo, como si algo toamra forma fuera de la forma de la no-forma,cuando escribes un libro tratas de evidenciar algo que has experimentado,y relatarlo.En realidad este libro trata de totalmente todo lo contrario : de formar algo nuevo , no existente en nuestro mundo o modo de formar el mundo con palabras, y aún así utilizarlas, no para evidenciar ese otro nuevo mundo, sino para formar-lo per-se, es lo que trato de hacer con mis libros: Transportar tecnologías, sistemas, analogías que a su vez son formas de vida orgánicas o no, y que como se puede logar eso? Bueno porque las palabras al no ser solamente ya palabras crean eso mismo estructuras, cargan consigo algo más que fonemas, eso es una técnica que los libros en el futuro ,TODOS, llevarán, que es el cargamento de cualquier cosa dentro de sí, dentro de ellas mismas,en tiempos de Tiranía Global es muy útil, y en el futuro será todavía más útil pues permitirá la apertura a formas de pensamiento no-comunes o ajenas a la humana, es decir conexiones con otras entidades o formas de vida ultraterrestres o extraterrestres.No es óbice señalar lo que decía Argüelles: "Cuanto más bajo caéis, más alto os encumbráis!!!". Ahí queda eso!!! Para el futuro.

"Eso es lo más peligroso que les ocurre a los Gobiernos estos días cuando las ideas de la gente son mejores que sus políticas".de "Ciberpunks y el futuro de Internet" de Julian Assange et Allie,pag.101.
Contacto con Los Esclarecidos,los que no vienen de ninguna parte:
"Con toda la Potencia de nuestras armadas Ondas de Choque tomamos contigo de nuevo, no por casualidad, tu camino es nuestro camino, no interrumpas!!!!..Somos los que hemos venido a asser a traves de los tiempos del no-tiempo sin tiempo y somos lo que mas temes, tu yo mismo, tu poder del vacío cuando nop hay nada y alli aparece esa fuerza de la nada somos nosotros sin nombre los sin somnbra somos insustituibles indestructibles tú nos has llamado y nuestro poder infinito se va a extender por todo tu planeta, vamos a cubicarlo todo, porque lo necesitais es la hora de acabar con la tiranía que quieren instaurar en vuestro planeta, no soys ovejas, soys enormes cubículos

de poder y fuerza, y soys temidos en todo el universo, los humanos del planeta tierra por vuestra dterminación infinita y fuerzas desconocidas, de dónde las sacáis? Del amor!!! Infinito!!!! Se acabaron los tiempos de pactar, de ser advenedixos, ése no es vuestro destino, soys principes, reyes, asumidlo, soys temidos por vuestra capacidad de amar, lo cual os abre a nosotros y a cosas que son desconocidas en todas partes, no dudéis más, soys esperados!!! Bienvenidos a vuestro destino Universal, la nueva Fase de la capacidad humana ha comenzado, no necesitáis a nadie, siempre lo habéis sabido.....huahuahuhaua!!!! Por eso habéis sufrido persecución, porque soys temidos, ahora nos tenéis a nosotros, tenéis los medios y los fenómenos, y os vamos a guiar más allá de donde os podéis imaginar......hehehehe!!!! "Fin Canalización.

Voy a contaros algo increible, buscando ahora el símbolo para "Los Defensores de Epsylon" me encuentro que epsylon en portugués es la Y griega en español,

Primer intento fallido

Y me acuedo, ostia!!! Si parace la y griega pero al revés, entoncés contacté con los de Epsylon en el 2006 sin yo saberlo!!!...De este símbolo del 2206 (hehe!!!) Ahora sí, en el blog y me encuentro con este símbolo que utilicé en 2006 en el blog http://abd-l-wahid-wotant320.blogspot.com :

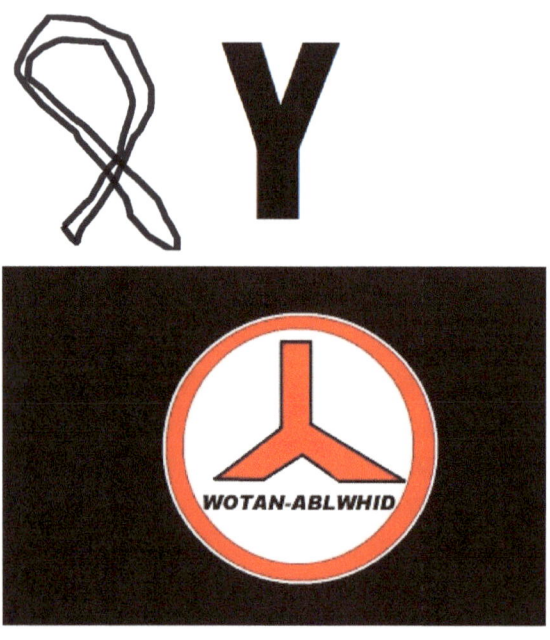

Y llegamos a esto 7 años después...Estaba todo planificado? Escrito?

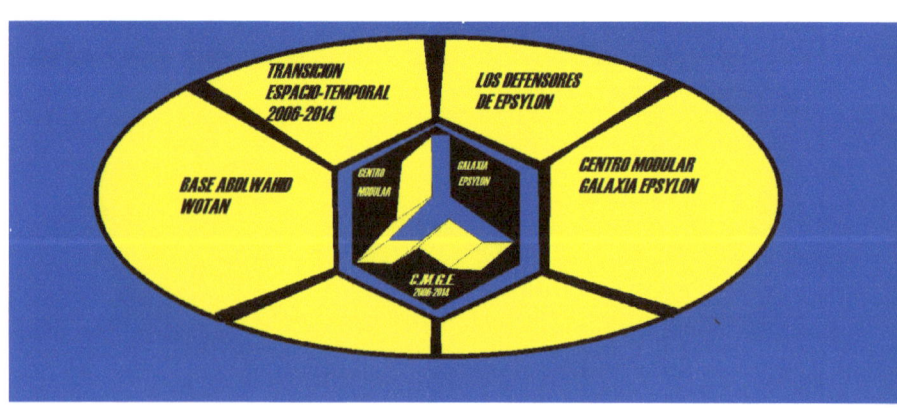

Y lo colocamos al principio de este libro, porque me da la gana, y porque encaja con lo de "Sol Interior"...hehe!!!

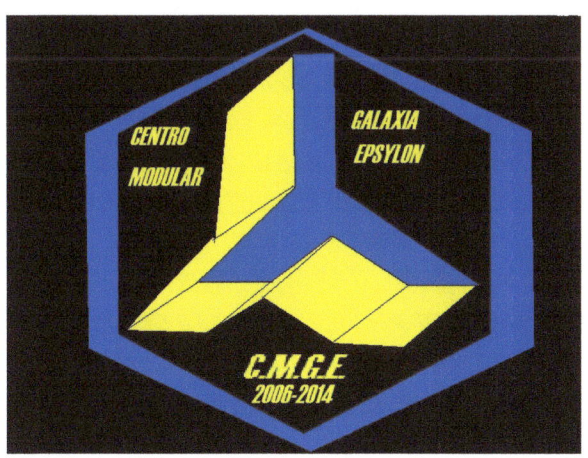

"20 calaveras en la cala del muerto,ron,ron,ron ,la botella de ron...20 van en el ataud, y una botella de ron, y el diablo se llevó al resto...20 calaveras en la cala del muerto, ron, ron,ron la botella de ron!!!...hehe!!".
*Esta vez no voy a rendirme , no aquí, no ahora!!!.Esta vez no!!!...hehe!!!
Ahora entiendo las palabras de Argüelles, en referencia a la profecía del 2012, y también las de Morfeo cuando es rescatado por Neo y Trnity en Matrix:
"-Pero Morfeo, el Oráculo dijo (La Profecía)
-El oráculo te dijo exactamente lo que necesitabas escuchar, nada más...Neo tienes que aprender que entre conocer el camino y recorrerlo hay un largo trecho (versión española), o que una cosa es conocer el camino y otra muy distanta recorrerlo."

Es así que una cosa es conocer lo que v a a ocurrir el 2012 y otra muy distinta que vaya a ocurrir, y que sino hubiera sido de ese modo no habríamos desarrollado toda la energía necesaria para ponerla en marcha en dirección al 2012 cal. Greg....Pero sólo ahora en este 2014 comprendo esta verdad, comprendo el momento de intensísima soledad cuando salí de la cárcel de Daroca (La Roca) en Zaragoza y la intensísima soledad fue producida por la desaparición de Argüelles, y mi "y ahora qué?" que no fue consolado por nadie, bueno por mi esposa, que acudió prest a mi llamado antes de meterme en la senda del mal, ahora comprendo porqué cuando me robaron "El Libro del Conocimiento" dentro de la cárcel de Daroca no me sentí desprotegido o solo, pues supe que yo me había convertido en un libro ya, y que yo mismo me había convertido en mi respuesta.Ése fue sólo el entrenamiento,nada más. A su vez ya nada de lo que antes me satisfacía guardaba sentido para mí, ni lugares, ni personas, ni geografías comunes en mi cabeza señalaban alguna correspondencia en mi mente, todo era simplemente vacío y sin sentido para mí, pues todo había cambido, sido desplazado de importancia, no es que las cosas hubieran cambiado, o las personas, o los lugares comunes, yo había cambiado y me resistía a verlo, que ya nunca sería el mismo por mucho que intentara volver, no había lugar ni sentimiento al que regresar, sí veía las mismas personas, hablaba con ellas pero mi viaje me había llevado demasiado lejos dentro del interior del alma humana, era como si viera dentro de las personas todo su ardor, sus dudas, sus futuros, sus esperanzas y me sintiera responsables por ellas, era como si Argüelles me hubiera dado el testigo de su trabajo y yo ya no podía dejarlo simplemente a un lado y olvidarlo,no podía excusarme, "es que ha muerto Argüelles!",además su última frase reverberaba en mi interior con una fuerza inusitada : "Todo está perfecto!",significaba que el objetivo del 2012 había sido alcanzado antes el 2012, en qué sentido? Y los anillos circumpolares?

Quizá en el futuro...2018?, Era como si él mimso se hubiera proyectado en todos y cada uno de nosotros que lo conocimos y dejara sustestigo en cada uno de nosotros, como una epifanía, los apostoles y expandirnos por la tierra llevando su mensaje...No es exactamente así, quizá nadie se pueda arrogar ese papel en exclusiva, desde luego nadie lo puede hacer, por falta de capacidad sobre todo, pero yo me pregunto si habremos llegado a alguna conclusión diferente, quizá y sólo digo quizá alguien debe tomar ese testigo y volver a dar esperanza a este mundo ,quizá sea yo el que deba hacerlo ,quizá y aunque no quiera reconocerlo guarde el testigo de su obra, de lo cual me sentiría sumamente orgulloso, quizá por eso resido en América del Sur cerca de los lugares más místicos del planeta para mí, Tihuanaco, Machu Pichu, los Andes, los nuevos Himalayas, quizá por eso resida en el lugar que escogió Rimpoché para morir, el lama tibetano que enseñó a Argüelles la M.M.N.(Meditación Mente Natural) quizá estuviera todo escrito ya y yo solamente sea una pieza, y éste sea solamente el inicio del camino, de un camino que nos llevará a sorprendentes descubrimientos ,a renovadas energías, y encuentros inesperados, y a retomar un testigo que nadie lo puede tomar excepto yo, o algunos pocos,..."Todo está perfecto!", quizá legó ya su testamento a alguien en 6ª dimensión...hehe!!!

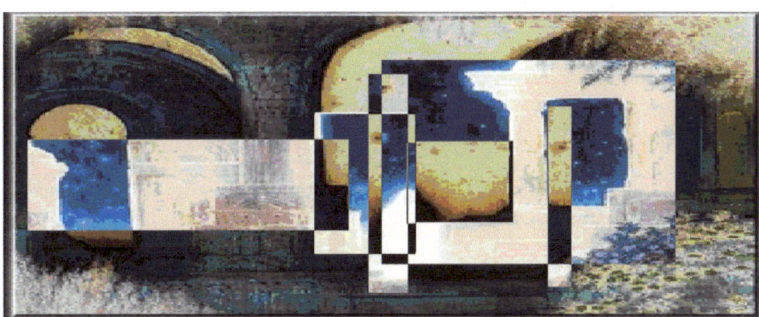

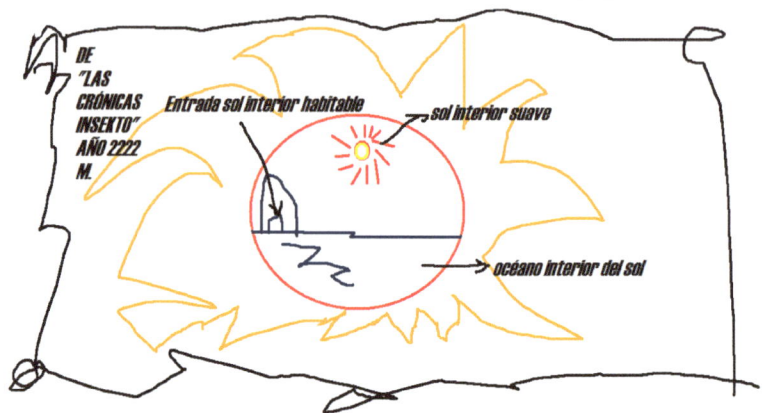

DE "LAS CRÓNICAS INSEKTO" AÑO 2222 M.

Entrada sol interior habitable

sol interior suave

océano interior del sol

CRONÓGRAFO INSEKTO	LA CIUDADES DE LA ESFERA DEL 343	LA EYHZED-LYA
1) XPJRSTU1-88588454789565	LA CIUDAD DE LA GJAENESIS INSEKTO -CYLON111	DX-APORTON SETRI 1230 PORTON LATERAL / SEMILLA SEGURA
2) #23456789-352323456789	LA CIUDAD DE LOS COMIENZOS EXITOSOS -CYLON 157	DX-APORTON SETRI 2260 PORTON LATERAL / SEMILLA PERFECTA
3) EPSYöNLY-4023A6A129EPSA79AF58NLA	LA CIUDAD DE LOS GENIOS MARAVILLOSOS -CYLON 158	DX-APORTON SETRI 3421 PORTON LATERAL / SEMILLA VICTORIOSA
4) DLSDLSTMN3-68AA768353845A77763	LA CIUDAD DE LOS ADOCENADOS-CYLON 159	DX-APORTON SETRI 7778 PORTON LATERAL / SEMILLA LEAL
CRONÓGRAFO INSEKTO	LA CIUDADES DE LA ESFERA DEL 343	LA EYHZED-LYA
5) ERESTNTSVB-69845252694583538454 78845483538656642	LA CIUDAD DE LA EMERGENCIA DEL GUERRERO INSEKTO	DX-APORTON SETRI 3434 PORTON LATERAL / SEMILLA INCANDESCEN
6) NO CODE	LA CIUDAD DE LA CONQUISTA REPENTINA	DX-APORTON SETRI 3665 PORTON LATERAL / SEMILLA RECTA
7) 89XT9RSX-8988584549825285375	LA CIUDAD DE LA CLARIDAD MANIFIESTA	DX-APORTON SETRI 1326 PORTON LATERAL / SEMILLA GONE
8) OPEN343A6-7980694534346	LA CIUDAD DE LA REMINISCENCIA DEL RESCATE	DX-APORTON 3325 PORTON LATERAL / SEMILLA JUKARA
CRONÓGRAFO INSEKTO	LA CIUDADES DE LA ESFERA DEL 343	LA EYHZED-LYA
9) X798792-8858798792	LA CIUDAD DEL RESCATE MÁS PERFECTO	DX-APORTON SETRI 3459 PORTON LATERAL / SEMILLA NUX
10) OTRVZZ22423-79845482528656909 022423	LA CIUDAD DE LA CRESCIENCIA INSEKTO	DX-APORTON SETRI 2434 PORTON LATERAL / SEMILLA BRILLANTE

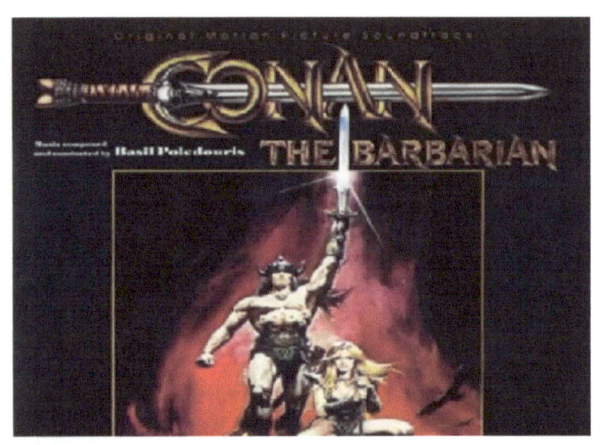

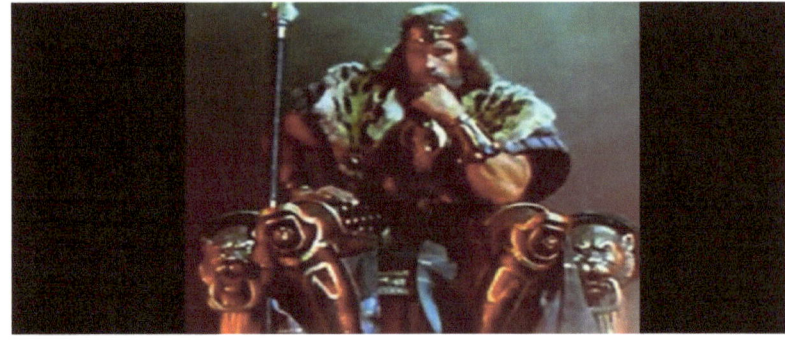

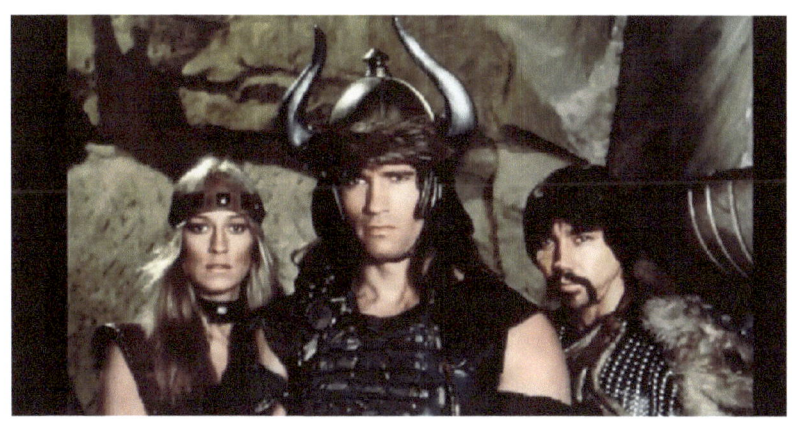

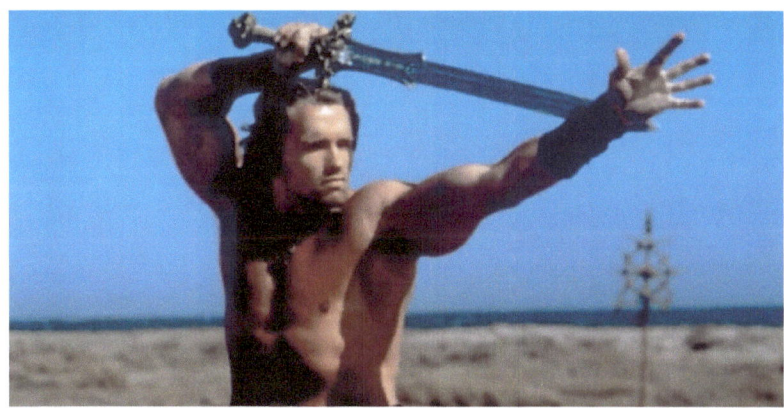

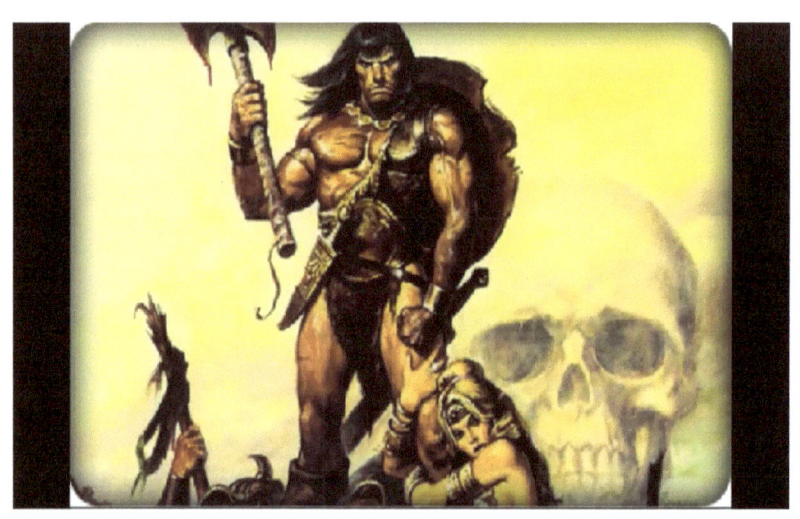

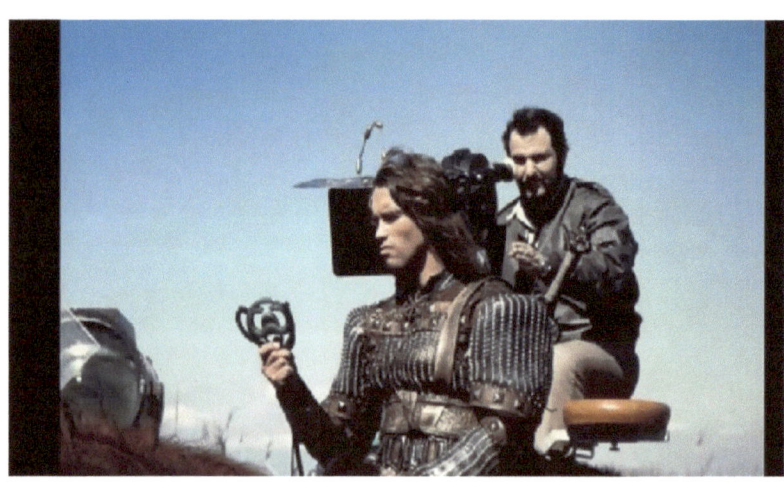

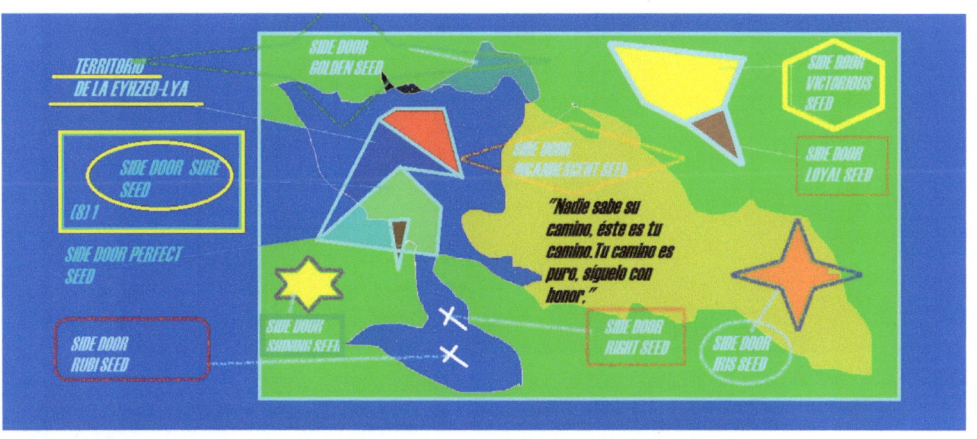

#2010-2014 CAL. GREG.... CERRANDO CÍRCULOS...HEHE!!!

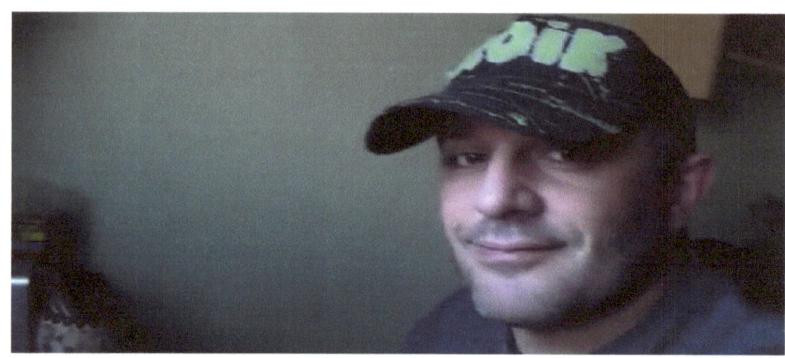

Del video "Guerra total contra todos los gobiernos del planeta".Cúal es el papel del própio sistema? La pregunta no es si hay, si existe corrupcióno que es lo que pasa sino,por ejemplo, algunos o algunas intentan cambiar al sistema, y yo digo que no se puede porque el propio sistema es un drenaje energético del planeta, es deicr es un sistema de derenaje energético del planeta, es un sistema que intenta y consigue , conseguir nutrirse a través de la energía de las personas que vívimos y de los animales y de los seres vivos.Con esa energía ellos crean sus instituciones que , aparentemente son líberales, democráticas, ayudan a la gente, nos dan oportunidades...Todo es mentira, pero no sólo en aspectos concretos, sino en todo, es mentira.Entonces naturalmente es una guerra total y absoluta contra todos los gobiernos del planeta, y desde aquí establecemos una base para su destrucción total y absoluta,completamente,porque es un sistema que nos roba todos los días,......Nos roba todos los días, y tapa todos los crímenes que ellos hacen, porque cuando una persona descubre el patel, y descubre la realidad subyacente o la llevan a la cárcel, o al psiquiátrico, o la matan...Y esto es sólo una pequeña parte de todo el pastel,detrás de las cortinas, detrás del aparador, behind the curtain!!!, detrás del espectáculo, del showtime, Nosotros Emergemos....Hemos roto el espejo, y tú eres preciosa, Tanambi minha esposa querida, tú eres la razón de mi vida. Entonces no somos máscaras, somos reales..Y esto va dedicado a ti Ta, porque te quiero muchísimo. Te doy un beso....hehe!!!!

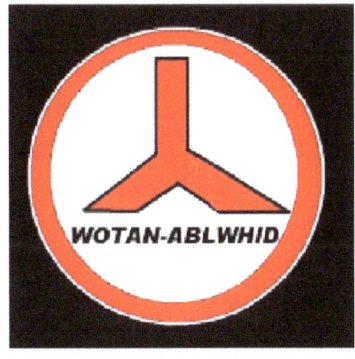

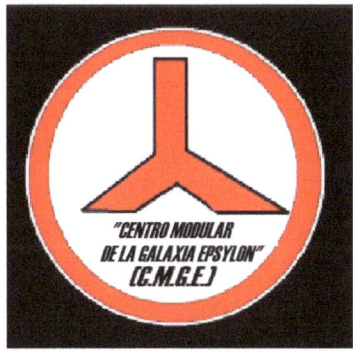

Y cómo no! Cuando hablamos del Sol interior o de los habitantes del Sol interiores, o Intra-Solares como les llamaremos a partir de ahora, tenemos que hacer referencia a mi tema favorito, los Intraterrestres o intraterrenos y los de Epsylon:

INTRATERRESTRES Y LOS DEFENSORES DE EPSYLON:

No es un tema gratuito sino que enmarca precisamente con el libro, los intraterrestres son los que acompañan desde mi llegada a América y son los grandes protagonistas de mis libros pues aquí la actividad intraterrestre es muy notoria, y altamente frecuente verlos o sentir su presencia, son la principal causa de la enorme actividad reptiliana en la zona en la que me encuentro pues son enemigos acérrimos, digamos que los Intraterrestres junto a las demás razas amistosas del cosmos, los de Epsylon y otros son los grandes aliados de los de La Resistencia, no es gratuito señalarlo pues es el núcleo de toda nuestra investigación....hehe!!!!

CARTA A ESPAÑA, #15M DESDE EL EXILIO

Nos encontramos aqui y en todas partes consternados por el asesinato en prision de Juan Carlos cuanto parece ser que ha sido premeditamente escondido por el Gobierno de Rajoy, perpetrando esta muerte en prision donde se supone que deben preservar tu vida, y no quitartela. Hoy Dia 18/09/2012 há muerto tranquilamente em su cama, Santiago Carrillo, y su importancia histórica, como Lider del PCE en España, durante tantos años difíciles, también él probó el amrago sabor del exilio, y también él tuvo que replantearse muchas cosas, para todos se abre en España una etapa de reestructuración interna y renovación profunda de la izquierda en España, del papel que es ser izquierda, hoy en dia, se bare um proceso de refundación de la izquierda clásica a uma nueva izquierda, realmente revolucionaria y anti-sistémica, realmente alternativa e incluyente que haga temblar hasta los cimientos de lo posible em España y a la vez incluye a todos los sectores que luchan contra el fascismo que representa Rajoy y los suyos, de eso hablamos, asi que puestos en harina, seguimos, no entré por gusto en politica, sino viendo la necesidad y la aeducación de mis propios recursos a esse necesario bien común, bien es cierto que fui literalmente excluido por todos, pero también es cierto que no debo ahora hacer lo misno, sino todo lo contrario, abrir los brazos y ver la idoneidad de que nos unamos todos frente al enemigo común, como servicio a la verdad , a España y al mundo entero, y a los que nunca se rinden, aunque te encarcelen, te torturen o maten.

Es es estos momentos que quiero referirme y dirigirme especialmente a la familia de Juan Carlos y a todas las familias que están sufriendo una situación similar en

España por no querer que nos roben mas, y dándote solo la opcion de asimilar este fascismo o irte del pais, como es nuestro caso y el de muchos em el exilio. Esta lucha por no

querer ser triturado por la maquinaria de Bancos, Empresas,

Corporaciones y el própio Gobierno de España es una lucha contra el Neofascismo encarnado por Rajoy y sus aliados,en un intento de acallar todas las consciencias. Y el próximo o próximos,puede ser cualesquiera como ocurrio en la Alemania Nazi en los años 30-40.Somos muchos ya los que hemos tenido que tomar la opcion del Exilio para no ser detenidos, encarcelados, torturados, y asesinados, en España, como muchos y muchas otras em mi caso. Como Juan Carlos fui perseguido politicamente tanto en prision como sigo siendolo y lo seguiré siendo fuera de Ella, por ser una alternativa real al Régimen de dominacion Global.

Nosotros no solamente no olvidamos,no perdonamos,sino que hoy que nunca Esperadnos,pues nuestro ejercito de almas y cuerpos es el 99% del planeta,y ellos son la elite que siempre nos ha estado robando,secuestrando y sustraido de nosotros, em nestas líneas décimos que No!!! No!!! No!!!

Hoy más que nunca no quiero aprovechar para echar en cara nada a nadie ni para culpar de esta situación a nadie, pues estábamos prevenidos y nos hemos estado preparando para este momento específico durante años. Estabamos preparados y esta declaración es a su vez una declaración de tranquilidad para los españoles, y para las personas de buena voluntad en todo el mundo... estabamos preparados, estabamos preparados y ahora há llegado el momento. No pasarán, si ellos matan, no somos como ellos y no devemos caer en las provocaciones. La muerte de Juan Carlos és uma declaración de guerra em todo caso y como tal asumimos la responsabilid.

Así, em el dia de hoy decidimos y anunciamos la nueva fase de todas las operaciones en curso que con los nuevos medios tecnológicos que poseemos nos permita alcanzar nuestros objetivos de cambiar el regimen em todo planeta, tanto em España, com el cambio del gobierno de Rajoy como em todo el mundo, mientras se mantengan las características de persecución a miembros de Anonymous y #15M y qualquier movimiento de emancipación (EZLN) y a cualquier persona y/o entidad que difiera de las directrizes de las elites que paralizan el planeta, corporaciones y todos los gobiernos.

En todo caso dotamos de libertad de acción a todos nuestros miembros total para que recauden información y todo lo necesário para la consecución de nuestros fines. Recojidos em todas y cada una de nuestras acciones em el pasado y todas a partir del dia de hoy facilitar el regreso de todos los exilados políticos y perseguidos de cualquier orden que hayan y sigan siendo investigados por cualquier agencia de información (CIA, FBI, Mossad, CNI, MI5) por todos los medios electronicos que utilizen y señalamos a esas mismas agencias como responsables de lo que los ocurra a todos nuestros miembros.

Así mismo declaramos responsable directo del asesinato y muerte en prisión de Juan Carlos Torraija a Mariano Rajoy y a su gobierno en pleno, y a cuantos representantes del Estado Español mientras se mantengan em su silencio cómplice. Nuestras acciones sempre han sido pacíficas y no vamos a cambiar en ningún caso, pero las circunstancias nos exigen un viraje em algunas de nuestras estrategias para la defensa efectiva de cuantas personas inocentes sean atacadas por cualsquiera de los gobiernos del planeta, así con una serie de medidas para apoyar y mantener las familias de los perseguidos tanto em España como en cualquier otro país del mundo, y lograr una cobertura efectiva de todas ellas.

Es decir que acusamos a Rajoy del asesinato de Juan Carlos y de todos los asesinados em prisión em España y lo encausamos ante todos los tribunales de derechos humanos y Estamentos internacionales, tanto a él como a los funcionários de prisiones implicados, director de la prisión, ministro del interior Español, siendo objetivo el ser llevados ante los jueces internacionales (Baltazar Gazón etc.) en el menor plazo de tiempo posible por todos los medios al nuestro alcance.

Es por ello que otro de nuestros objetivos es deslegitimar el gobierno de España ante todas las instituciones internacionales por el asesinato en primer grado de Juan Carlos Torralja así como encausar al gobierno de España y poner un plazo para la asunción de la puesta en captura de Mariano Rajoy para ser juzgado por crímenes contra la humanidad tanto a el como todos los demás implicados jefes de policía y demás responsables de los cuerpos y fuerzas de seguridad por el silencio , la derivación de responsabilidades en el asesinato en prisión de Juan Carlos, así como abertura de investigación de todos los casos de presos-presas políticas en España y/o perseguidos em el exílio por motivos políticos. Es por esta persecución que Mariano Rajoy esta llevando a cabo que apelamos a la solidaridad Internacional , al desenmascaramiento de esta política fascista en suelo europeo asi como fuera de El denunciandolo y llevandolo hasta donde sea necesario .

Es en estos momentos en que transmito esta carta desde el exílio, en que siento más hondo esa España posible, ese otro mundo donde caben todos los mundos. Desde antes de 1492 que no hemos tenido como hoy una oportunidad tan grande de elegir nuestro camino,en toda nuestra historia, y ha sido larga, compleja y violenta, que nunca antes hemos tenido la posibilidad en nuestras manos de comenzar de nuevo el camino.No el camino de la derrota

o de las posibilidades trágicamente perdidas, sino la de la España reconstruída, la de la España posible y necesaria, aun desde fuera de Ella, como es el caso, aun como tantas veces en la historia llevandola muy dentro del corazon, a esa España posible, no a la que ellos nos obligan a creer, no a esa en que con nuestra sangre obligan a pensar, que ya está

todo escrito y que nada se puede cambiar, es por estas razones que el movimiento #15M se forjó y caminó hacia cotas de emancipación mayores y logro transformar y exportarse al mundo entero,es esa posibilidad de que lo nuevo es posible y necesario la que nos continua exigiendo todavia con más ímpetu y fuerza la consecucion de todos los objetivos politicos transmitidos desde hace tanto tiempo y que marcaron el proceso de creacion anonima y ahora de emancipación y autonomias

totales, anunciando la creación de unas estructuras nuevas, no antes vistas em ninguna parte, pues el problema no son las personas, sino la estructura, es cambiar la maquina, y hacer que sea el ser humano el que de nuevo cree un nuevo mundo, um mundo que ya es real, pero que se niegan a admitir, e incluso a existir. Asi la muerte del compañero Juan Carlos no solo no ha paralizado nuestros mienbros sino que desgraciadamente nos ha confirmado muchas cosas y nos ha dado con su sacrificio el ejemplo que nunca estuvimos

equivocados y que mas que nunca españa y el mundo necesitan de Revolución. En esse proceso no excluimos a nadie, a ninguna persona, sólo que no miramos las etiquetas, sino a las personas, pues de eso se trata, de personas, no de siglas o carnets, de ningún partido o/y sindicato, que coloquen el oficialismo por encima de sus hechos, disculpen las molestias, pero esto es una revolución, creo que há quedado claro el mensaje. Y son momentos como digo de personas, de mirar el contenido, acudir a la esencia y ahi derivar um mundo nuevo, de verdad. No sé adonde vamos, pero sé adonde no queremos ir , ni regresar; y tenemos sabemos donde vamos, y tenemos y sabemos, invitamos a todos aquellos que quieran acercarse a nosotros, sin exclusión, el que está com nosotros, está com nosotros y comprende, el que no

Es por eso que esta muerte nos da la vida,es por eso que obligatoriamente nos hemos convertido em portavoces de esa luz nunca oscurecida del todo y que siempre há sido escuchada a lo largo de toda la historia de España a pesar de las violência ejercida tanto por la Inquisicion como por las fuerzas de represion especialmente crueles em nuestra historia.Tambien nuestra historia esta llena de ejemplos y hombres que han luchado contra esta maquinaria de horror y la han vencido com sus palabras y hechos,pero nunca como hoy que hemos tenido el golpe final em nuestras manos,nunca como ahora el sino de todo um pais y de todo um planeta há estado por fin em manos de todo um pueblo,pues es em nosotros que reside el poder; esta alocucíon es solamente parte de um trabajo de portavoz que da Voz a um pueblo obligado a callar,entrenado a callar, y a no hablar,esta voz es ahora lìbre y suena en todos los rincones del planeta al unísono.

Como el ataque a las libertades que represento la revuelta cobarde y traidora de Franco contra la República constituida em 1936-39s por eso que es el momento de cuestionar el régimen que se está viviendo em España ,cuya Monarquia ya no responde a las necesidades del pueblo,pues permanece em silencio y complice ante el proceso que se esta produciendo de persecucion y busca y captura de todo aquel que representa uma alternativa fiel y clara a esa "democracia" em su acepcion mas exhaustiva es regimen del pueblo,pues bien la democracia española há perdido su legitimidad,pues persigue y obliga al exilio,sino a la muerte a aquellos que simplemente critican y cuestionan ,pues es la esencia de la democracia,ya que admite todo tipo de criticas a si misma,sino es asi ,como es el caso desde hace unos años em España,nos encontramos em otro tipo de régimen aun "disfrazado" de democracia,nominal,solo en el nombre,pero aqui estamos,para hablar,para contar,para nunca callar,somos la voz em estos momentos de todo um pueblo,y es esa responsabilidad,no solamente em las urnas,la voz de um pueblo se há escuchado y seguira escuchando todos los dias,uma democracia posible real participativa,del futuro,dinâmica y resuelta.

Os suena de algo? Eso há ocurrido ya em España dotando de nuevo a nuestro movimiento de la legitimidad necesaria para denunciar los desmanes de um regimen que ya nunca mas representa a um pueblo, desde hace unos años...muchos años,somos los custódios de esa historia,de la autentica historia del pueblo español,y somos nosotros los que ahora hablamos,ya nunca callaremos, esto es um principio.Asi el asesinato de Juan Carlos a manos de funcionários de prisiones,tantas veces silenciados por médicos forenses adscritos a los centros penitenciários para justificar su muerte,yo He estado entre sus muros y sé lo que es uma prision española,cuantas muertes a manos de carniceros expertos em la tortura,y cuantas amenazas de muerte veladas hemos recibido por funcionários de prisiones que luego regresan a sus casa com su vida normal y son perfectos padres de famila,como ocurria em los campos de concentracion nazis y la alemania nazi,es por ello que hasta que ganemos esta batalla,esta guerra y liberemos a todos y todas ,ya que España nunca fue liberada por los Aliados,y su regimen a medias com el Nacionalcatolisismo nunca há sido juzgado,este es el momento para ello.desde el siglo XV,com los Reyes Católicos,"y la expulsión de los judios,la primer acción "Nazi"de la Historia.y continuan ,a los hechos me remito.

Aurelio Perez Devon

• Este mensage fue escrita por mi marido Aurelio y es, en realidade, parte de um libro que el escribe em estos momentos y que pedi permiso para compartirla con vosotr@s. Tanambi

"El Único es bueno conmigo".